«Αυτοί οι Αγώνες ήταν αξέχαστοι, ονειρεμένοι Αγώνες»

"These Games were unforgettable, dream Games"

Ζακ Ρογκ
Πρόεδρος της Διεθνούς Ολυμπιακής Επιτροπής

Dr Jacques Rogge
President of the International Olympic Commitee

AΘHNA 2004

«Οι Ολυμπιακοί Αγώνες επέστρεψαν στην πατρίδα τους και δείξαμε σε ολόκληρο τον κόσμο τα επιτεύγματα για τα οποία είμαστε ικανοί εμείς οι Έλληνες!... Μαζί διηγηθήκαμε μια πανέμορφη ιστορία, που συνέδεσε τους Αγώνες με την ιστορία τους και ανάδειξε μια νέα Ελλάδα σε ολόκληρο τον κόσμο».

"The Olympics came home, and we've shown the world the great things Greeks can do!...Together we told a beautiful story that reconnected the Olympic Movement with its history and introduced a new Greece to the world".

Γιάννα Αγγελοπούλου - Δασκαλάκη
Πρόεδρος της Οργανωτικής Επιτροπής Ολυμπιακών Αγώνων ΑΘΗΝΑ 2004

Gianna Angelopoulos - Daskalaki
President of ATHENS 2004 Organising Committee for the Olympic Games

Ταυτότητα Έκδοσης
«Ολυμπιακοί Αγώνες ΑΘΗΝΑ 2004»
Επίσημο Αναμνηστικό Πρόγραμμα

Εκδότης
Κ/Ξ Διεθνείς Αθλητικές Εκδόσεις

Γενική Διεύθυνση Εκδόσεων
Χάρης Σταθόπουλος

Επίσημος Αδειούχος Εκδόσεων
ΟΕΟΑ - ΑΘΗΝΑ 2004 Α.Ε.
Ερυθρού Σταυρού 5, 151 23, Ν. Φιλοθέη
Τηλ.: 210 6822202, Fax: 210 6822030
email: info04@isp04.com

Project Managers
Θάλεια Σπανού,
Δέσποινα Κουρτέση

Σύνταξη
Γιάννης Δοδόπουλος,
Αντώνης Ντινιακός

Συντονισμός με ΑΘΗΝΑ 2004
Αντιγόνη Λαθύρη

Art Directors
Νίκη Παπασταθοπούλου

Ατελιέ, Σελιδοποίηση, Εικονογράφηση
Χάρης Αϊδονόπουλος, Ρούλα Γανωτή, Μαρίζα Γιαννοπούλου,
Γιάννης Δούσμανης, Νατάσσα Θέου, Μαίρη Θιθίζογλου,
Βίκυ Μελισσάρη, Παναγιώτης Μπατσάκης, Γιάννης Παπαϊωάννου,
Κυριακή Πελαγίδου, Γιάννης Σελιανάκης, Άντζελα Τσακανίκα

Διεύθυνση Φωτογραφικής Παραγωγής
Έλλη Ιωαννίδου

Πρακτορεία Φωτογραφίας
Action Images, A.F.P., Apeiron - Corbis - Magnum,
Getty Images, Ευρωκίνηση, IML, Reuters

Photo Editing
Νικάνδρη Κουκουλιώτη, Αποστόλης Ζερδεβάς,
Μανόλης Μωρεσόπουλος, Παύλος Συμεών,
Ελένη Μαλιγκούρα, Μαριλένα Σταφυλλίδου

Μεταφράσεις
Λουίζα Χριστοφίλου

Διόρθωση - Επιμέλεια Ελληνικών Κειμένων
Ελένη Ζαφειρούλη

Διόρθωση - Επιμέλεια Αγγλικών Κειμένων
Τάνια Κάντζιου

Διεύθυνση Παραγωγής
Αντώνης Χάλαρης

Σεπτέμβριος 2004

ISBN: 960-660-324-5

**Copyright ΟΡΓΑΝΩΤΙΚΗ ΕΠΙΤΡΟΠΗ
ΟΛΥΜΠΙΑΚΩΝ ΑΓΩΝΩΝ - ΑΘΗΝΑ 2004 Α.Ε.**

Publication Credits
"ATHENS 2004 Olympic Games"
Official Souvenir Programme

Publisher
Consortium ISP International Sport Publications

Publications Director
Harris Stathopoulos

Official Licensed Editions ATHENS 2004
5, Erythrou Stavrou str., N. Filothei, 151 23
Tel.: +30 210 6822202,
Fax: +30 210 6822030
email: info04@isp04.com

Project Managers
Despina Kourtessis,
Thaleia Spanou

Contributors
Antonis Diniakos,
John Dodopoulos,

Coordination with ATHOC
Antigoni Lathiri

Art Directors
Niki Papastathopoulou

Atelier, Page Layout, Illustrations
Harris Aidonopoulos, Panagiotis Batsakis, John Dousmanis,
Roula Ganoti, Mariza Giannopoulou, Vicky Melissari,
John Papaioannou, Kyriaki Pelagidou, John Selianakis,
Natassa Theou, Mary Thithizoglou, Angela Tsakanika

Photo Production Manager
Elli Ioannidou

Photo Agencies
Action Images, A.F.P., Apeiron - Corbis - Magnum,
Eurokinisi, Getty Images, IML, Reuters

Photo Editing
Nikandri Koukoulioti, Apostolis Zerdevas,
Manolis Moresopoulos, Pavlos Simeon,
Eleni Maligoura, Marilena Stafilidou

Translations
Louisa Christofilou

Greek Text Editing
Helen Zafirouli

English Text Editing
Tania Kantziou

Production Director
Antonis Halaris

September 2004

ISBN: 960-660-324-5

**Copyright ATHENS 2004 ORGANISING COMMITTEE
FOR THE OLYMPIC GAMES**

Περιεχόμενα

Contents

dayημέρα
-02

ΙΙ Αυγούστου 2004

Το Αγωνιστικό Πρόγραμμα άρχισε
στις ΙΙ Αυγούστου, με προκριματικούς
ομαδικών αθλημάτων. Ξεκίνησε έτσι και
η πρώτη από τις Ι.210 ώρες τηλεοπτικής
κάλυψης των Αγώνων, αριθμός που ξεπερνά
το συνολικό χρόνο κάλυψης
των 5 τελευταίων Ολυμπιάδων.
Πέρα από αγωνιστικό όμως, το διήμερο
εκείνο ήταν κυρίως εορταστικό, γεμάτο
προσμονή, ανάταση και ευφορία,
που δύσκολα θα ξεχάσουν οι Έλληνες
και οι επισκέπτες της Αθήνας.
Η πόλη, λαμπρή όσο ποτέ, τα στάδια
εντυπωσιακά, τα βλέμματα όλου του κόσμου
στραμμένα στη μικρή αυτή γειτονιά
της Μεσογείου. Τις επόμενες ημέρες,
μέσα αλλά και έξω από τα στάδια, επρόκειτο
να γραφεί η ιστορία των πιο «ονειρεμένων»
Ολυμπιακών Αγώνων.

ΙΙ August 2004

The Competition Schedule commenced
on August ΙΙ, with preliminaries in various
team sports. Television coverage over
the following days would reach Ι,210 hours,
surpassing the time invested for coverage
of the previous five Olympiads.
Beyond the competitive aspect, however,
the days preceding the opening
of the Games were celebratory, filled with
expectation, exhilaration and euphoria that
locals and visitors alike will not easily forget.
The city had on its festive clothes.
The impressive stadiums were ready
for action, while the attention of the whole
world turned towards this small area of
the Mediterranean. The following days,
within but also outside the venues, the tale
of the "Dream Games", as they were
to be remembered, would slowly unfold.

Ημέρα -02
Τα μέλη της αθλητικής οικογένειας
των Αγώνων γνωρίζουν την πόλη
που θα τους φιλοξενήσει. Η αλλαγή φρουράς
μπροστά στην ελληνική Βουλή, στην πλατεία
Συντάγματος, έχει προσελκύσει το ενδιαφέρον
μιας ομάδας κολυμβητών και συνοδών.

Day -02
The members of the Games' Athletic Family
became acquainted with their host city.
The changing of the Guards in front
of the Greek Parliament in Syntagma Square
has attracted the attention of a group
of swimmers and their companions.

Ημέρα -02
Ολυμπιακό Αθλητικό Κέντρο Αθήνας
(ΟΑΚΑ)
Εθελόντρια ανάμεσα σε δεκάδες
μασκότ του Φοίβου και της Αθηνάς.
Οι ονομασίες των δύο μασκότ έχουν
σχέση με την ελληνική αρχαιότητα.
Το αγόρι φέρει το όνομα του μυθικού
Ολύμπιου θεού της μουσικής
Απόλλωνα-Φοίβου. Το κορίτσι
έχει το όνομα της Αθηνάς,
θεάς της σοφίας και προστάτιδας
της πόλης των Αθηνών.

Day -02
Athens Olympic Sports Complex
(OAKA)
A volunteer surrounded by dozens
of Phevos and Athena puppets.
The names of the two mascots
are related to Ancient Greek lore.
The male bears the name
of the mythic Olympian God
of music, Apollo-Phoebus.
The female is named after the goddess
of wisdom and protector of the city
of Athens, Athena.

9

Ημέρα -02
Επισκέπτρια των Αγώνων περπατά
στο κέντρο της Αθήνας,
σε έναν δρόμο που έχει ζωγραφιστεί
ώστε να μοιάζει με τάπητα στίβου.

Day -02
A visitor walks on a street painted
to look like an athletics track
in the centre of Athens.

10

© AFP PHOTO/Daniel GARCIA

Ημέρα -02
Η βραβευμένη με Νόμπελ Ειρήνης
Ριγκομπέρτα Μεντσού
περιστοιχιζόμενη από εθελοντές.

Day -02
Nobel Peace Prize laureate,
Rigoberta Menchu, surrounded
by volunteers.

Ημέρα -02
Ο Γερμανός Πρόεδρος Χορστ Κέλερ δείχνει
τη διαπίστευσή του καθώς επισκέπτεται
τις Ολυμπιακές κατασκηνώσεις για νεαρούς
αθλητές, οι οποίοι φιλοξενούνται
για να παρακολουθήσουν τους Αγώνες.
Η Γερμανία κατέκτησε 48 μετάλλια
στους Ολυμπιακούς Αγώνες της Αθήνας.

Day -02
German President Horst Koehler displays
his Olympic pass as he visits the Olympic Teens
Youth Camp. Germany collected 48 medals
in the Athens Olympic Games.

HORST KOEHLER
ΑΡΧΗΓΟΣ ΚΡΑΤΟΥΣ
HEAD OF STATE
Germany

G

T3

OED

ΑΘΗΝΑ 2004

0304725 - 01

OFH

6

Ημέρα -02
Καυτανζόγλειο Στάδιο, Θεσσαλονίκη
Φίλαθλοι παρακολουθούν
τον προκριματικό αγώνα
του Ποδοσφαιρικού τουρνουά
μεταξύ Ελλάδας - Κορέας (2-2).
Η Ελλάδα αποκλείστηκε
από τους προκριματικούς, ενώ η Κορέα
έφτασε έως τα προημιτελικά.

Day -02
Kaftanzoglio Stadium, Thessaloniki
Fans watch the men's Football match
between Greece and Korea (2-2).
Greece did not qualify past
the preliminaries. Korea, however,
made it to the quarterfinals.

© Mark Dadswell/Getty Images

13

Ημέρα -01
Παμπελοποννησιακό Στάδιο, Πάτρα
Ο Κριστιάνο Ρονάλντο μοιάζει
απογοητευμένος έπειτα
από την ήττα έκπληξη, με 4-2, που υπέστη
η Πορτογαλία από το Ιράκ στην πρεμιέρα
του Ολυμπιακού τουρνουά Ποδοσφαίρου.
Οι Πορτογάλοι αποκλείστηκαν
από τον προκριματικό γύρο των Αγώνων.

Day -01
Pampeloponnisiako Stadium, Patras
Christiano Ronaldo of Portugal looks
dejected after his team's 4-2 shock defeat
to Iraq in the premiere of the men's
Football tournament. The Portuguese
team did not manage to qualify past
the preliminary round.

© Stuart Hannagan/Getty Images

Τελετή Έναρξης

Η Αθήνα υποδέχτηκε την 28η Ολυμπιάδα με μια θεαματική, αλλά και ιδιαίτερα ποιητική Τελετή Έναρξης. Περίπου 72.000 άνθρωποι μέσα στο Ολυμπιακό Στάδιο και ακόμα τέσσερα δισεκατομμύρια σε όλες τις γωνιές του πλανήτη παρακολούθησαν την ιστορική στιγμή που οι Ολυμπιακοί Αγώνες επέστρεψαν στη γενέτειρά τους. Η έναρξη της Τελετής, συνδέοντας συμβολικά την Αρχαία Ολυμπία με το Ολυμπιακό Στάδιο της Αθήνας, γεφύρωσε 3.000 χρόνια ιστορίας των Ολυμπιακών Αγώνων. Τη γιορτή άνοιξαν 400 τυμπανιστές που έπαιζαν στον ρυθμό του ζεϊμπέκικου. Την ίδια στιγμή οι Ολυμπιακοί κύκλοι πρόβαλαν φλεγόμενοι στην τεχνητή λίμνη του Σταδίου, απ' όπου αργότερα μία τεράστια κεφαλή κυκλαδικού ειδωλίου αναδύθηκε και μεταμορφώθηκε σε έναν αρχαίο Κούρο. Σχεδόν ταυτόχρονα, στην περίμετρο του αγωνιστικού χώρου εξελισσόταν ολόκληρη η ιστορία του ελληνικού πολιτισμού, από τη Μινωική εποχή, έως τις μέρες μας.

Opening Ceremony

Athens welcomed the XXVIII Olympiad with a breathtaking, but also lyrical Opening Ceremony. Seventy two thousand people inside the Olympic Stadium and four billion more across the globe witnessed the moment the Games returned to their birthplace and the city in which they were revived. Symbolically, connecting the Ancient Olympia Stadium with the Athens Olympic Stadium, the commencement of the Opening Ceremony bridged almost 3.000 years of Olympic history. The celebration began with 400 percussionists playing to the rhythm of the Greek dance "zeimbekiko", while the five Olympic Rings were set alight in the Stadium's artificial lake. A giant Cycladic head (circa 2,700 b. C.) would then emerge and splitting apart, revealing the figure of a "Kouros" statue. A huge parade, featuring the history of Greek civilisation, took place, starting from the Minoan age to the present.

Τυμπανιστές μαγεύουν με τους ήχους
των οργάνων τους το κοινό.

Greek drummers bewitch the crowd
with the sounds of their instruments.

Ο τυμπανιστής βαδίζει,
ενώ το είδωλό του αντανακλάται
στο νερό, δημιουργώντας
μια υπέροχη εικόνα.

The drummer marches, while
his reflection is cast off the water,
creating a sublime image.

Μία από τις πιο συγκινητικές σκηνές
της Τελετής. Ένα μικρό αγόρι
σε μια χάρτινη βάρκα ανεμίζει
την ελληνική σημαία.

One of the most compelling scenes
of the Opening Ceremony.
A little boy on a paper boat waves
the Greek flag.

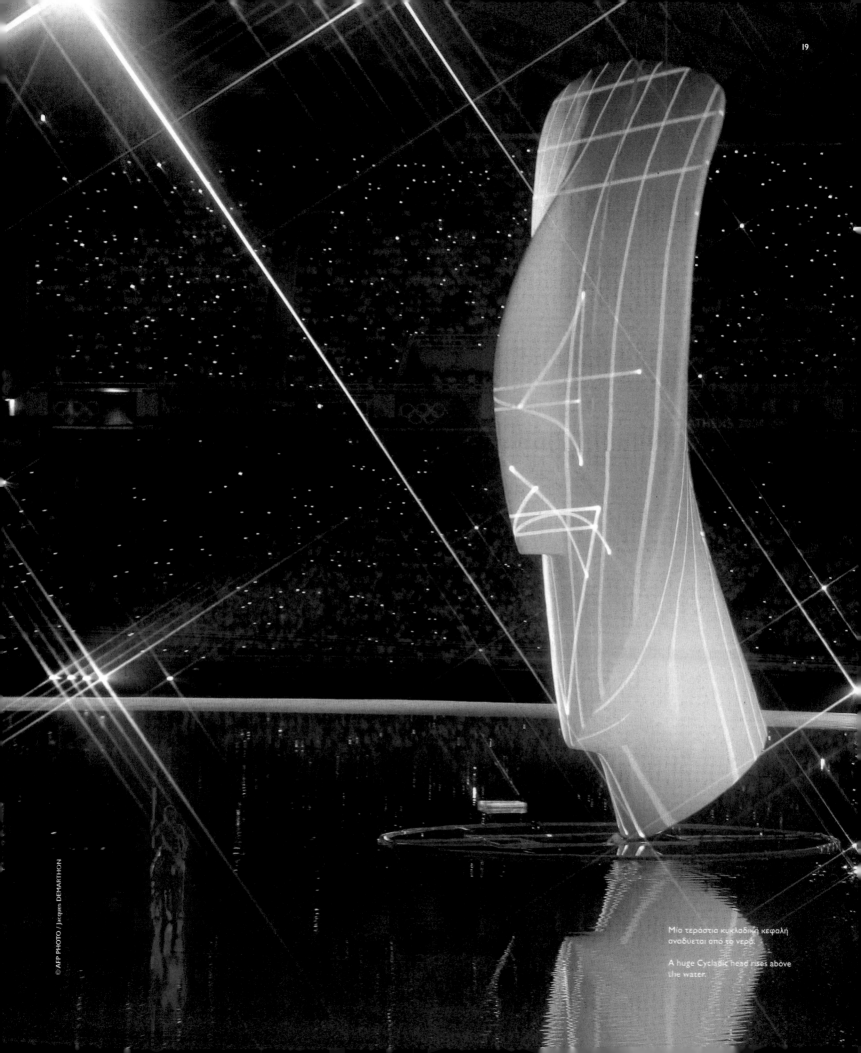

Μια τεράστια κυκλαδική κεφαλή
αναδύεται από το νερό.

A huge Cycladic head rises above
the water.

Ο φτερωτός θεός Έρωτας ίπταται πάνω από το νεαρό ζευγάρι, το οποίο απολαμβάνει τα παιχνίδια στο νερό, το σύμβολο της καθαρότητας και της διαφάνειας.

The winged god Eros flies over the young couple enjoying games in the water, the symbol of purity and transparency.

Μία πανέμορφη πανοραμική εικόνα
από εκείνες που ο φωτογραφικός
φακός αποτυπώνει πλήρως τη διάχυτη
μαγεία των δραστηριοτήτων
που έλαβαν χώρα στην Τελετή Έναρξης.

A captivating panorama
of the magic released during
the Opening Ceremony, captured
by the camera lens in its full glory.

Η γερμανική αποστολή μπαίνει
στο Ολυμπιακό Στάδιο και χαιρετά
το κοινό. Παρέλασαν συνολικά 202
αποστολές, κατά αλφαβητική σειρά.

The German delegation enters
the Olympic Stadium waving
to the crowd. In total, 202 delegations
paraded in alphabetical order.

Οι ιπτάμενοι Λαμπαδηδρόμοι
και τα εντυπωσιακά σκηνικά
δημιούργησαν μια πανέμορφη
ψευδαίσθηση στο κοινό.

Flying Torchbearers and magnificent
set pieces created a breathtaking
illusion for the spectators.

Ο Πρόεδρος της Διεθνούς Ολυμπιακής
Επιτροπής Δρ. Ζακ Ρογκ και
η Πρόεδρος της Οργανωτικής
Επιτροπής της ΑΘΗΝΑ 2004
Γιάννα Αγγελοπούλου-Δασκαλάκη
κατά τη διάρκεια της ομιλίας τους
στην Τελετή Έναρξης των Ολυμπιακών
Αγώνων της Αθήνας.

International Olympic Committee
President Dr Jacques Rogge and
President of the Organising
Committee´s ATHENS 2004
Gianna Angelopoulos-Daskalaki
during their Opening Ceremony
welcoming speeches.

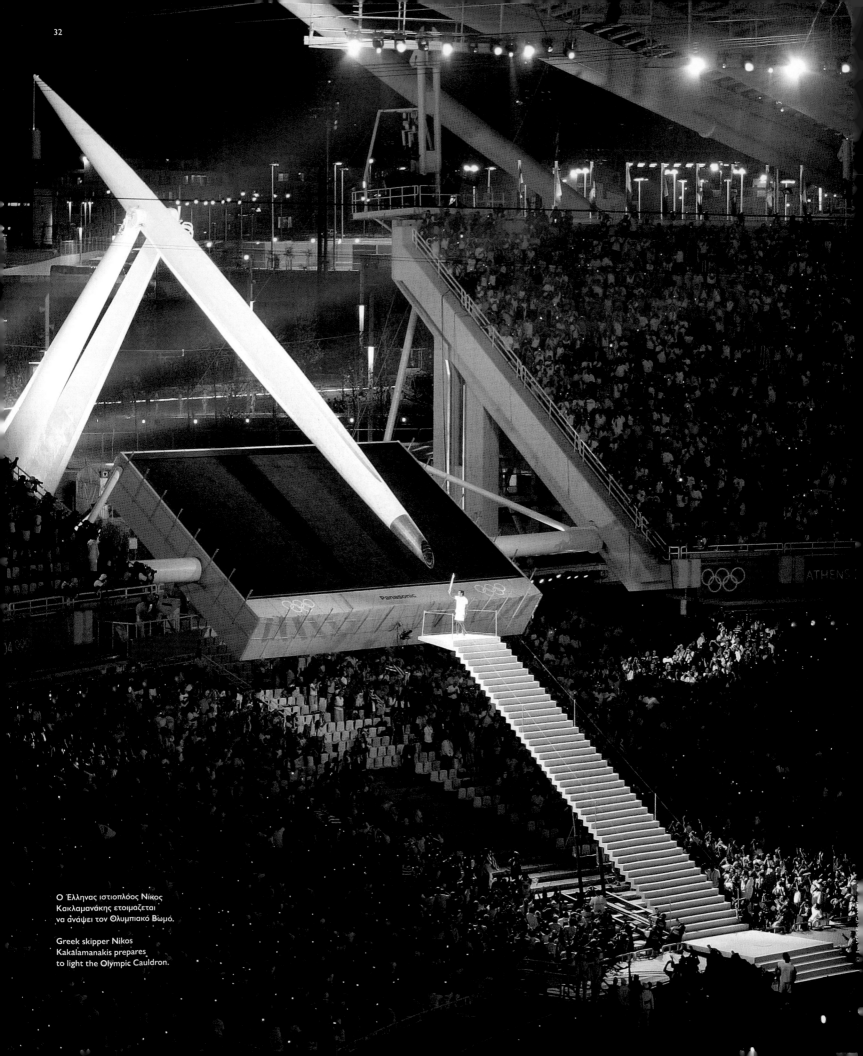

Ο Έλληνας ιστιοπλόος Νίκος
Κακλαμανάκης ετοιμάζεται
να ανάψει τον Ολυμπιακό Βωμό.

Greek skipper Nikos
Kakalamanakis prepares
to light the Olympic Cauldron.

© AFP PHOTO/JEFF HAYNES

© AFP PHOTO/Joel SAGET

Ο χρυσός Ολυμπιονίκης
της Ιστιοπλοΐας στο Σύδνεϋ,
Νίκος Κακλαμανάκης ανάβει
την Ολυμπιακή Φλόγα, η οποία
φωτίζει το Ολυμπιακό Στάδιο.

Olympic sailing gold medalist
in Sydney, Nikos Kaklamanakis
from Greece lights the Olympic
Cauldron which casts its glow
over the Olympic Stadium.

Μία πανδαισία χρωμάτων έχουν
δημιουργήσει στον αττικό ουρανό
τα χιλιάδες πυροτεχνήματα
κατά τη διάρκεια της Τελετής Έναρξης.

Hundreds of fireworks explode during
the Opening Ceremony creating
a cornucopia of colours
in the Athenian sky.

dayημέρα
01

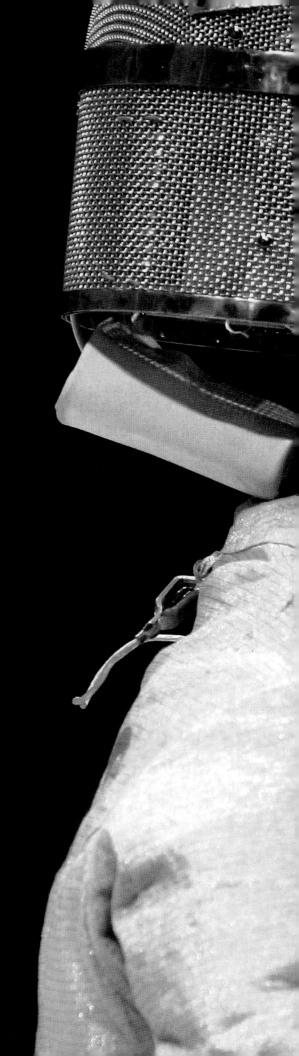

14 Αυγούστου 2004

Στις 14 Αυγούστου, πρώτη επίσημη ημέρα
των Ολυμπιακών Αγώνων, κατερρίφθησαν
δύο παγκόσμια ρεκόρ στην Κολύμβηση
και τρία στην Άρση Βαρών. Στην Κολύμβηση
ο Αμερικανός Μάικλ Φελπς βελτίωσε
το δικό του παγκόσμιο ρεκόρ στα 400 μ.
Μικτής Ατομικής, ενώ η ομάδα γυναικών
της Αυστραλίας σημείωσε νέο παγκόσμιο
ρεκόρ στα 4x100 μ. Ελεύθερο. Στην Άρση
Βαρών γυναικών η 20χρονη Νουρκάν
Ταϊλάν από την Τουρκία κατέρριψε τρεις
φορές το παγκόσμιο ρεκόρ στην κατηγορία
των 48 κιλών. Συνολικά, έγιναν 13 απονομές
μεταλλίων, με την Κίνα να βρίσκεται
στην πρώτη θέση της γενικής κατάταξης,
με 4 χρυσά μετάλλια.

14 August 2004

On 14 August, Day 01 of the Olympic
Games, two world records were broken
in Swimming and three in Weightlifting.
In Swimming, Michael Phelps of the United
States improved his previous world record
in the men's 400m Individual Medley, while
the Australian women's team set a new
world record in the 4x100m Freestyle Relay.
In women's Weightlifting, the 20 year-old
Nurcan Taylan of Turkey broke the world
record three times in the 48kg category.
In total, 13 medal ceremonies were held,
with China ranking first in the overall medal
standings, with 4 gold medals.

Ημέρα 01
Αίθουσα Ξιφασκίας Ελληνικού
Ξιφασκία, Ντμίτρι Λάπκες (BLR).
Τέταρτη θέση στο Ατομικό
της Σπάθης ανδρών.

Day 01
Helliniko Fencing Hall
Fencing, Dmitri Lapkes (BLR).
Fourth place in men's Individual Sabre.

© REUTERS/Tony Gentile

Απ' άκρη σ' άκρη ο λαός της Ταϊλάνδης
παρακολουθούσε με ενδιαφέρον τις προσπάθειες
των αθλητών της χώρας, στους Ολυμπιακούς Αγώνες
ΑΘΗΝΑ 2004. Το τέλος των Αγώνων βρήκε
την ασιατική χώρα στην 25η θέση του πίνακα
των μεταλλίων, με τρία χρυσά, ένα ασημένιο
και τέσσερα χάλκινα.

Throughout the country, Thais celebrated
the efforts of their compatriots during the Games
of the 28th Olympiad. At the end of the Games,
Thailand ranked 25th in the Medals Table, with
a haul of three gold, one silver and four bronze medals.

Ημέρα 01
Ολυμπιακό Γυμναστήριο Άρσης
Βαρών Νίκαιας
Η ύψους μόλις 1,49 μ. Ταϊλανδή
Άρι Βίρατθβορν πανηγυρίζει
μετά την κατάκτηση του χάλκινου
μεταλλίου της κατηγορίας
των 48 κιλών στην Άρση Βαρών.

Day 01
Nikaia Olympic Weightlifting Hall
Thailand's Aree Wiratthaworn
who stands only 1.49m tall, clinched
the bronze medal in the women's
48kg category in Weightlifting.

42

Ημέρα 01
Ολυμπιακό Κλειστό Γυμναστήριο
Ο Χιρογιούκι Τομίτα εκτελεί
μια άσκηση στους Παράλληλους
Ζυγούς κατά τη διάρκεια
του προκριματικού γύρου
της Ενόργανης Γυμναστικής.
Ο Ιάπωνας αθλητής κατέκτησε
το ασημένιο μετάλλιο στο αγώνισμα.

Day 01
Olympic Indoor Hall
Hiroyuki Tomita from Japan performs
a Parallel Bar exercise during
the men's Artistic Gymnastics
qualifying round. Tomita won
the silver medal in the event.

Ημέρα 01
Στάδιο Ειρήνης και Φιλίας
Η Αμερικανίδα Ρόμπιν Σάντος
έχει κρεμάσει στο σορτσάκι
της τη φωτογραφία του ενός έτους γιου
της Τζόρνταν, κατά τη διάρκεια αγώνα
του προκριματικού γύρου
στην Πετοσφαίριση μεταξύ ΗΠΑ
και Κίνας. Οι Αμερικανίδες
αποχαιρέτησαν τη διοργάνωση
στα προημιτελικά, καθώς έχασαν
από την ομάδα της Βραζιλίας
με 3-2 σετ.

Day 01
Peace and Friendship Stadium
Robyn Santos from the USA competes
bearing a picture of her one-year old
son, Jordan, on her shorts during
a qualifying match against China
in the women's Volleyball competition.
In the quarterfinal, the US team
lost to Brazil by 3-7

Ημέρα 02
Ολυμπιακό Κέντρο Μπέιζμπολ
Ο Ιταλός μέσος Νταβίντ Φρανσία
προσπαθεί να αποτρέψει
τους Ιάπωνες επιθετικούς
να σκοράρουν. Το έργο του βέβαια
μόνο εύκολο δεν ήταν, αφού
η Ιαπωνία κατέκτησε το χάλκινο
μετάλλιο στο Μπέιζμπολ στους
Ολυμπιακούς Αγώνες της Αθήνας.

Day 02
Olympic Baseball Centre
Italy's centre fielder David Francia
attempts to stop the Japanese from
scoring. An undoubtedly difficult task,
since Japan won the bronze medal in
the ATHENS 2004 Olympic Games.

Ημέρα 02
Ολυμπιακό Κέντρο Αντισφαίρισης
Η Βελγίδα Ζαστίν Ενίν-Αρντέν
σερβίρει με άψογο στυλ κατά
τη διάρκεια αγώνα στο Απλό
γυναικών του Ολυμπιακού
τουρνουά Αντισφαίρισης, στο οποίο
και κατέκτησε το μοναδικό χρυσό
μετάλλιο της χώρας της.

Day 02
Olympic Tennis Centre
Justine Henin-Hardenne of Belgium
serves with style during
the women's Singles Tennis
tournament, where she won
her country's only gold medal.

Ημέρα 02
Παναθηναϊκό Στάδιο
Η Αιγύπτια Μέι Μανσούρ
ετοιμάζεται να πραγματοποιήσει
τις βολές της στο Ατομικό γυναικών
στην Τοξοβολία. Η νεαρή αθλήτρια
αποκλείστηκε πολύ νωρίς καθώς
συναγωνίστηκε μία από
τις κορυφαίες του αθλήματος,
την Κορεάτισσα Σουνγκ Χιουν
Παρκ, στον προκριματικό γύρο.

Day 02
Panathinaiko Stadium
Egypt's May Mansour prepares
to make a shot in the women's
Individual Archery event.
The young athlete left
the competition early after
encountering one of the sport's
giants, Korean Sung Hyun,
in the elimination rounds.

Ημέρα 02
Ολυμπιακό Γυμναστήριο
Άρσης Βαρών Νίκαιας
Ο Κινέζος Βου Μεϊζίν
σε μια εντυπωσιακή προσπάθεια
που του χάρισε το ασημένιο
μετάλλιο στην κατηγορία
των 56 κιλών της Άρσης Βαρών.

Day 02
Nikaia Olympic Weightlifting Hall
China's Wu Meijin in an impressive
lift which gave him the silver medal
in the men's under 56kg category
Weightlifting competition.

Ημέρα 03
Ολυμπιακό Κλειστό Γυμναστήριο
Ο Ναόγια Τσουκαχάρα εκτελεί
το πρόγραμμά του στους Κρίκους
της Ενόργανης Γυμναστικής.
Ο 27χρονος γυμναστής κατέκτησε
το χρυσό μετάλλιο στο Ομαδικό
των ανδρών με την Ιαπωνία.

Day 03
Olympic Indoor Hall
Naoya Tsukahara performs
a routine on the Rings during
the Artistic Gymnastics men's
Team final. The 27 year-old gymnast
won the gold medal with
his team, Japan.

Ημέρα 03
Ολυμπιακό Γυμναστήριο Άνω Λιοσίων
Μία ήττα στα προημιτελικά έστειλε
τη Γιαπωνέζα Κίε Κουσακάμπε
στη διαδικασία του Ρεπεσάζ
στο Τζούντο των γυναικών. Εκεί είχε
αντίπαλη την Ισπανίδα Ισαμπέλ
Φερνάντεζ, η οποία την κέρδισε και την
έθεσε εκτός βάθρου, με αποτέλεσμα
να ξεσπάσει σε κλάματα.

Day 03
Ano Liossia Olympic Hall
A defeat in the women's Judo
quarterfinals sent Japan's Kie Kusakabe
to the Repechage procedure.
There she encountered Isabel
Fernandez from Spain, who defeated
her and left her out of the medals,
causing Kusakabe to break down
in tears.

Ημέρα 03
Κλειστό Γήπεδο Ελληνικού
Ο Ντιντιέ Ντινάρ (αριστερά) προσπαθεί
να ανακόψει την προσπάθεια του Νίκου
Γραμματικού κατά τη διάρκεια αγώνα
του προκριματικού γύρου
της Χειροσφαίρισης ανδρών.
Η Γαλλία κατετάγη πέμπτη και η Ελλάδα
έκτη στο Ολυμπιακό τουρνουά.

Day 03
Helliniko Indoor Arena
Nikos Grammatikos of Greece (R) tries
to block Didier Dinart of France during
the preliminary bout between
their teams in the men's Handball
tournament. France and Greece finished
in fifth and sixth place, respectively.

82

Ημέρα 05
Ολυμπιακό Κλειστό Γυμναστήριο
Ο Μάριαν Ντραγκουλέσκου εκτελεί
την άσκησή του στους Ζυγούς.
Ο Ρουμάνος αθλητής κέρδισε
το χάλκινο μετάλλιο στο Άλμα
της Ενόργανης Γυμναστικής.

Day 05
Olympic Indoor Hall
Marian Dragulescu performs
on the Rings. The Romanian athlete
won the bronze medal in the men's
Artistic Gymnastics Vault.

Ημέρα 05
Ολυμπιακό Γυμναστήριο
Άρσης Βαρών Νίκαιας
Η Αναστασία Τσακίρη
σε μια προσπάθειά της στο αγώνισμα
της κατηγορίας των 63 κιλών της Άρσης
Βαρών. Η απότομη ώθηση που δίνει
στο σώμα της για να σηκώσει το βάρος
έχει αποτέλεσμα να ανασηκωθούν
τα μαλλιά της. Ο φωτογραφικός φακός
συλλαμβάνει τη στιγμή και παγώνει
την κίνηση.

Day 05
Nikaia Olympic Weightlifting Hall
Anastasia Tsakiri prepares to lift
in the women's 63kg Weightlifting
competition. The sudden thrust
of her body for the heave makes
her hair fly in the air. The camera lens
captures the moment and freezes
all motion.

Ημέρα 05
Ολυμπιακό Κέντρο Αντισφαίρισης
Η Αμερικανίδα Βίνους Ουίλιαμς
σερβίρει κατά τη διάρκεια του αγώνα
της εναντίον της Γαλλίδας Μέρι Πιαρς.
Η Ουίλιαμς έχασε με 2-0 σετ
και αποκλείστηκε. Την ίδια τύχη
είχε και στο Διπλό γυναικών.

Day 05
Olympic Tennis Centre
Venus Williams of the United States
serves during her women's Tennis
Singles match against Mary Pierce
of France. Williams lost by 2-0
and was eliminated. Luck was
not on her side in the women's
Doubles competition, either.

Ημέρα 05
Αίθουσα Ξιφασκίας Ελληνικού
Η Ιταλίδα Βαλεντίνα Βετζάλι
πανηγυρίζει το χρυσό μετάλλιο
που κατέκτησε στον τελικό
του Ατομικού Ξίφους Ασκήσεως
γυναικών, νικώντας
τη συμπατριώτισσά
της Τζιοβάνα Τριλίνι.

Day 05
Helliniko Fencing Hall
Valentina Vezzali of Italy celebrates
her gold medal win in the women's
Fencing Individual Foil final over
her compatriot Giovanna Trillini.

dayημέρα
06

Ημέρα 06
Ολυμπιακό Κέντρο Ιστιοπλοΐας
Αγίου Κοσμά
Η Σοφία Μπεκατώρου και η Αιμιλία
Τσουλφά προηγούνται κατά τη διάρκεια
ιστιοδρομίας στο Διθέσιο Σκάφος
γυναικών -470 στην Ιστιοπλοΐα,
αγώνισμα στο οποίο κατέκτησαν
τελικά το χρυσό Ολυμπιακό μετάλλιο.

Day 06
Agios Kosmas Olympic Sailing Centre
Sofia Bekatorou and Aimilia Tsoulfa
of Greece lead in the women's Double
Handed Dinghy -470 race, where
they eventually won the gold medal.

19 Αυγούστου 2004

Την έκτη ημέρα των Αγώνων ο Γερμανός
Μάνφρεντ Κούρζερ κατέρριψε
στη Σκοποβολή το παγκόσμιο ρεκόρ
στα 10 μ. Κινούμενου Στόχου. Στην Άρση
Βαρών Τσούνχονγκ Λίου από την Κίνα
πραγματοποίησε μία από τις καλύτερες
επιδόσεις στην ιστορία του αθλήματος,
καταρρίπτοντας 3 παγκόσμια και
3 Ολυμπιακά ρεκόρ στην κατηγορία
των 69 κιλών. Στην Κολύμβηση αθλητές
των ΗΠΑ κατέρριψαν τρία Ολυμπιακά
ρεκόρ: πρόκειται για τους Άαρον Πίρσολ,
Μάικλ Φελπς και Αμάντα Μπίαρντ.

19 August 2004

On Day 06 of the Games, Germany's
Manfred Kurzer broke the men's 10m
Running Target world record
in the Shooting event. Chunhong Liu
from China rewrote the women's
Weightlifting record book with one
of the greatest performances in the sport,
setting 3 new world and 3 new Olympic
records in the 69kg category. Three new
Olympic records were set in Swimming
by Amanda Beard, Aaron Peirsol and
Michael Phelps of the USA.

92

Ημέρα 06
Ολυμπιακό Γήπεδο Σόφτμπολ
Η Αυστραλή Μέλανι Ρος
σε προσπάθειά της σε αγώνα
του προκριματικού γύρου
του Σόφτμπολ γυναικών με αντίπαλο
τον Καναδά. Τα «καγκουρό»
κατέκτησαν το ασημένιο μετάλλιο
στο Ολυμπιακό τουρνουά, καθώς
έφτασαν μέχρι τον μεγάλο τελικό,
αλλά έχασαν από τις ΗΠΑ με 5-1.

Day 06
Olympic Softball Stadium
Melanie Roche of Australia during
a preliminary Softball game against
Canada. The "Kangaroos" secured
the silver medal in the Olympic
tournament by making it to the final,
where they were defeated 5-1
by the United States.

© Mike Hewitt/Getty Images

Ημέρα 06
Ολυμπιακό Γήπεδο Σόφτμπολ
Η Καναδέζα Λορίν Μπέι ρίχνει
την μπάλα με άψογο στυλ κατά
τη διάρκεια αγώνα του προκριματικού
γύρου στο Σόφτμπολ γυναικών.
Ο Καναδάς δεν κατάφερε να διακριθεί
στο Ολυμπιακό τουρνουά, καθώς έμεινε
εκτός τετράδας.

Day 06
Olympic Softball Stadium
Lauren Bay of Canada pitches with style
during the preliminary women's Softball
competition. Canada failed to qualify
for the semifinals, thus missing
out on a medal.

94

© AFP PHOTO FRANCK FIFE

Ημέρα 06
Ολυμπιακό Γυμναστήριο Άνω Λιοσίων
Ο Κασάμπι Τάοφ (μπλε στολή)
σε αγώνα του πρώτου γύρου
με αντίπαλο τον Κουβανό Γιοσβέιν
Ντισπέιν, στην κατηγορία των 90 κιλών
στο Τζούντο. Ο Ρώσος τζουντόκα
κατέκτησε το χάλκινο μετάλλιο.

Day 06
Ano Liossia Olympic Hall
Khasanbi Taov (blue) in a first round
fight against Cuban Yosvane Despaigne
in the men's under 90kg Judo
competition. The Russian judoka
clinched the bronze medal.

© AFP PHOTO/TOSHIFUMI KITAMURA

Ημέρα 06
Ολυμπιακό Γυμναστήριο Άνω Λιοσίων
Ο Αμερικανός τζουντόκα Ράντι
Φέργκιουσον (άσπρη στολή) εκτελεί
μια τεχνική πάνω στον Σύριο Ιχία
Χασάμπα κατά τη διάρκεια
του δεύτερου γύρου της κατηγορίας
των 100 κιλών στο Τζούντο.
Κανείς από τους δύο αθλητές δεν
διακρίθηκε στο Ολυμπιακό τουρνουά.

Day 06
Ano Liossia Olympic Hall
US judoka Rhadi Ferguson (white)
carries Yhya Hasaba of Syria to throw
him during their second round match
in the men's Judo under 100kg category.
Both athletes left the Olympic
tournament empty-handed.

Ημέρα 06
Ολυμπιακό Γυμναστήριο
Πυγμαχίας Περιστερίου
Ο Αιγύπτιος Αχμέντ Ισμαήλ έχει εγκλωβίσει
στα σκοινιά τον Καναδό Τρέβορ
Στιούαρτσον κατά τη διάρκεια
του δεύτερου γύρου της κατηγορίας
των 81 κιλών. Ο δυναμικός πυγμάχος
από την αφρικανική χώρα κατέκτησε
το χάλκινο μετάλλιο στο Ολυμπιακό
τουρνουά Πυγμαχίας.

Day 06
Peristeri Olympic Boxing Hall
Ahmed Ismail of Egypt has trapped
Canadian Trevor Stewardson against
the ropes and delivers a beating during
their second round Boxing Light
Heavyweight 81kg match. The dynamic
boxer won the bronze medal
in the tournament.

Ημέρα 06
Ολυμπιακό Γυμναστήριο Άνω Λιοσίων
Η Ιταλίδα Λουτσία Μόρικο πανηγυρίζει
για την κατάκτηση του χάλκινου
μεταλλίου μετά τη νίκη της επί
της Ουκρανής Αναστασίας Ματράσοβα
στην κατηγορία των 78 κιλών
στο Τζούντο γυναικών.

Day 06
Ano Liossia Olympic Hall
Italy's Lucia Morico celebrates
her bronze medal victory against
Ukrainian Anastacia Matrasova
in the women's Judo Half-Heavy
under 78kg semifinal.

Ημέρα 06
Ολυμπιακό Γυμναστήριο
Άρσης Βαρών Νίκαιας
Η Ουάντα Ρίγιο φιλάει την μπάρα έπειτα
από επιτυχημένη προσπάθειά
της στην κατηγορία των 75 κιλών γυναικών
της Άρσης Βαρών. Η αθλήτρια
από τη Δομινικανή Δημοκρατία κατετάγη
δέκατη στο Ολυμπιακό τουρνουά.

Day 06
Nikaia Olympic Weightlifting Hall
Wanda Rijo kisses the weights after
a successful attempt in the women's 75kg
Weightlifting category. The athlete
from the Dominican Republic eventually
ranked tenth.

© REUTERS/Andrea Comas

dayημέρα
07

Ημέρα 07
Ολυμπιακό Ποδηλατοδρόμιο
Ο Βρετανός Κρις Χόι διανύει
τους τελευταίους γύρους στον τελικό
των 1.000 μ. Ατομικής Χρονομέτρησης
ανδρών της Ποδηλασίας Πίστας.
Ο Χόι κέρδισε το χρυσό μετάλλιο
και έκανε νέο Ολυμπιακό ρεκόρ.

Day 07
Olympic Velodrome
Chris Hoy of Great Britain in action
on his final laps in the men's Cycling
Track 1,000m Time Trial final.
Hoy won the gold by setting
a new Olympic record.

20 Αυγούστου 2004
Νέα Ολυμπιακά και Παγκόσμια ρεκόρ
χαρακτήρισαν την έβδομη ημέρα
των Αγώνων. Στον τελικό Κολύμβησης 100 μ.
Πεταλούδας ανδρών ο Μάικλ Φελπς
(ΗΠΑ) σημείωσε νέο Ολυμπιακό ρεκόρ
(51,25), ενώ στην Ποδηλασία Πίστας
σημειώθηκαν τρία Ολυμπιακά και
ένα Παγκόσμιο ρεκόρ.

20 August 2004
Another record-breaking day
for the Games. In the men's 100m Butterfly
Swimming final, USA's Michael Phelps
set a new Olympic record (51.25).
One world and three Olympic records
were broken in the Cycling Track event.

102

Ημέρα 07
Παναθηναϊκό Στάδιο
Οι αθλήτριες της ταϊβανέζικης ομάδας
επιδεικνύουν τα χάλκινα μετάλλιά
τους μετά τη νίκη τους επί της Γαλλίας
με 242-228 στον μικρό τελικό του
Ομαδικού γυναικών στην Τοξοβολία.

Day 07
Panathinaiko Stadium
Taiwan's Archery team display
their medals after defeating France
by 242-228 in the women's Team
bronze medal match.

© AFP PHOTO/ROMEO GACAD

Ημέρα 07
Ολυμπιακό Κέντρο Χόκεϊ
Ο ήλιος της Αθήνας ανακλάται
στο κράνος της τερματοφύλακα
της Νέας Ζηλανδίας Έλεν Κλαρκ.
Στιγμιότυπο από τον προκριματικό
αγώνα Νέας Ζηλανδίας - Αργεντινής.

Day 07
Olympic Hockey Centre
Athens' sunlight reflects off the helmet
of New Zealand's goalkeeper,
Helen Clark. Caption from a pool
match between New Zealand
and Argentina in the women's
Hockey tournament.

Ημέρα 07
Ολυμπιακό Στάδιο
Ο Τζαμαϊκανός Μάικλ Μπλάκγουντ
σε εκκίνηση προκριματικής σειράς
των 400 μέτρων.
Στον τελικό του αγωνίσματος
κατέλαβε την όγδοη θέση.

Day 07
Olympic Stadium
Jamaica's Michael Blackwood
readies for the start
of the men's 400m heat.
In the final he finished eighth.

Ημέρα 07
Ολυμπιακό Στάδιο
Εμφανώς απογοητευμένος
με την επίδοσή του, ο Αμερικανός
Άλαν Γουέμπ μετά τον τερματισμό
της κούρσας των 1.500 μέτρων.
Ο Αμερικανός αθλητής κατετάγη
στη 2η προκριματική σειρά
και αποκλείστηκε.

Day 07
Olympic Stadium
Alan Webb of the USA, disappointed
by his performance in the men's 1,500
metres. The USA athlete finished
9th in heat 2 and was eliminated.

Ημέρα 07
Ολυμπιακό Κλειστό Γυμναστήριο
Η Γιαπωνέζα Χαρούκα Χιρότα
σε μια προσπάθειά της στον τελικό
του Τραμπολίνου, όπου κατετάγη έβδομη.

Day 07
Olympic Indoor Hall
Haruka Hirota of Japan performs in the air
during the women's Trampoline final,
where she ranked seventh.

Ημέρα 07
Ολυμπιακό Στάδιο
Η Σουηδή Καρολίνα Κλουφτ
σε μια προσπάθειά της στο Ύψος
του Επτάθλου. Η Κλουφτ κατέκτησε
τελικά το χρυσό μετάλλιο.

Day 07
Olympic Stadium
Carolina Kluft of Sweden competes
in the women's Heptathlon High Jump
discipline. Klufte eventually won
the gold medal.

© Andy Lyons/Getty Image

ATHENS 2004

Ημέρα 07
Ολυμπιακό Κέντρο Υγρού Στίβου
Μια βαθιά ανάσα πριν από
την εκκίνηση του προκριματικού
της Κολύμβησης των 1.500 μ.
Ελεύθερο ανδρών, για τον
αμερικανό Λάρσεν Γιένσεν.
Στον τελικό ο Γιένσεν κέρδισε
το ασημένιο μετάλλιο.

Day 07
Olympic Aquatic Centre
Larsen Jensen of the United States
takes a deep breath before
the men's Swimming 1,500m
Freestyle heat. Jensen won
the silver medal in the final.

115

Ημέρα 07
Ολυμπιακό Στάδιο
Η Ολλανδέζα Καρίν Ρούκστουχλ
κοιτά με απόγνωση τον πήχη
που μόλις έχει πέσει ύστερα
από μια προσπάθειά της
στο Ύψος Επτάθλου γυναικών.

Day 07
Olympic Stadium
Karin Ruckstuhl of the Netherlands
looks despairingly as the bar falls
in one of her attempts
in the women's Heptathlon
High Jump.

© Stu Forster/Getty Images

dayημέρα

08

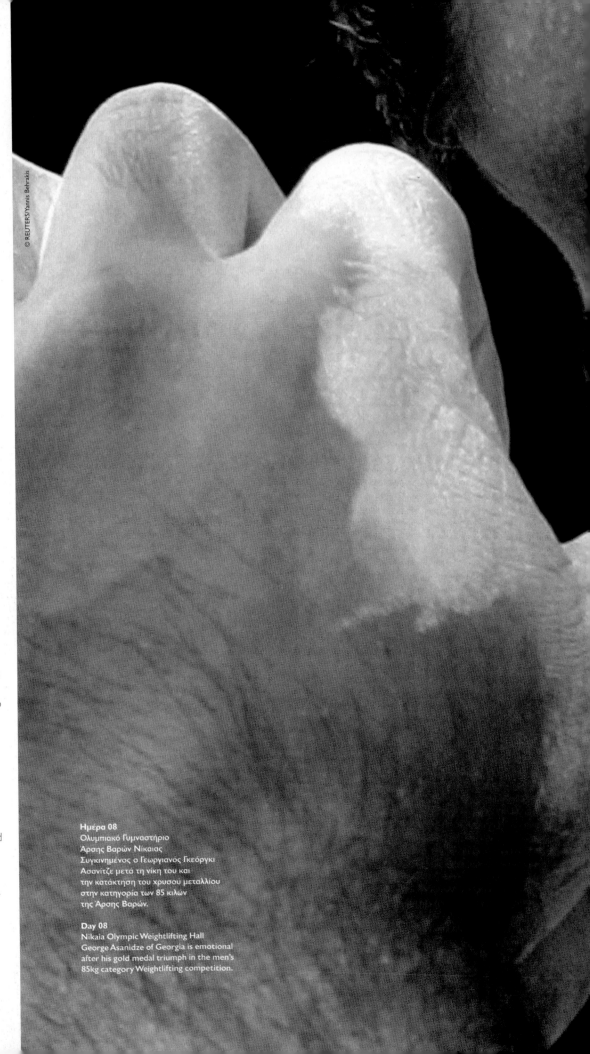

21 Αυγούστου 2004

Πολλές συγκινήσεις επιφύλασσε
για τους θεατές η όγδοη ημέρα
των Αγώνων. Οι Έλληνες πανηγύρισαν
την απονομή του χρυσού μεταλλίου
στις Σοφία Μπεκατώρου και Αιμιλία
Τσουλφά για το Διθέσιο Σκάφος
γυναικών -470. Στην Κολύμβηση
καταρίφθηκαν δύο Παγκόσμια και
ένα Ολυμπιακό ρεκόρ, ενώ στην Ποδηλασία
η παγκόσμια πρωταθλήτρια Σάρα Ούλμερ
από τη Νέα Ζηλανδία έκανε νέο Παγκόσμιο
ρεκόρ στο Ατομικό Πουρσουίτ γυναικών.
Στην Άρση Βαρών η Γκονγκχόνγκ Τανγκ
από την Κίνα σημείωσε νέο Παγκόσμιο
και Ολυμπιακό ρεκόρ.

21 August 2004

Day 08 had much excitement in store
for the spectators. Greece's Emilia Tsoulfa
and Sofia Bekatorou were awarded the gold
medal in the women's Double Dinghy -470
in Sailing. In Swimming two world and one
Olympic record were set, while Cycling,
saw reigning World Champion Sarah Ulmer
from New Zealand smash the World
record in the women's Individual Pursuit.
In Weightlifting, China's super heavyweight
Gonghong Tang set a new world
and Olympic record.

Ημέρα 08
Ολυμπιακό Γυμναστήριο
Άρσης Βαρών Νίκαιας
Συγκινημένος ο Γεωργιανός Γκεόργκι
Ασανίτζε μετά τη νίκη του και
την κατάκτηση του χρυσού μεταλλίου
στην κατηγορία των 85 κιλών
της Άρσης Βαρών.

Day 08
Nikaia Olympic Weightlifting Hall
George Asanidze of Georgia is emotional
after his gold medal triumph in the men's
85kg category Weightlifting competition.

Ημέρα 08
Ολυμπιακό Γυμναστήριο
Άρσης Βαρών Νίκαιας
Δύο διαφορετικές προσπάθειες,
ίδια ένταση. Η Ουκρανή Βίκτορι
Σαϊμαρντάνοβα (δεξιά)
και η Αμερικανίδα Σέριλ Χάγουορθ
διαγωνιζόμενες στην κατηγορία
των 75 κιλών της Άρσης Βαρών.
Κατέλαβαν την πέμπτη και την έκτη
θέση του αγωνίσματος, αντίστοιχα.

Day 08
Nikaia Olympic Weightlifting Hall
Two separate attempts, the same
intensity. Ukrainian Victorij
Shaimardanova (R) and Cheryl
Haworth of the United States
compete in the women's
Weightlifting 75kg category.
The two athletes ranked in the fifth
and sixth place respectively.

Ημέρα 08
Κλειστό Γήπεδο Ελληνικού
Ο Πορτορικανός Ρολάντο
Χουρουτινέρ πανηγυρίζει, τυλιγμένος
με τη σημαία της χώρας του,
τη νίκη επί της Αυστραλίας
στους προκριματικούς της
Καλαθοσφαίρισης ανδρών.
Το Πόρτο Ρίκο κατετάγη τελικά έκτο.

Day 08
Helliniko Indoor Arena
Rolando Hourruitiner of Puerto Rico
celebrates his country's victory
over Australia in the men's Basketball
preliminaries. Puerto Rico finished
the tournament in sixth place.

© REUTERS/Adrees Latif

Ημέρα 08
Ολυμπιακό Στάδιο
Εξαντλημένη, ανυπόδητη, πλην όμως
χαμογελαστή, η Σουηδή Καρολίνα
Κλουφτ πανηγυρίζει, σκέπασμένη
με τη σημαία της χώρας της, το χρυσό
μετάλλιο που κατέκτησε στο Έπταθλο.

Day 08
Olympic Stadium
Exhausted, barefoot, but smiling,
Carolina Kluft of Sweden celebrates
her women's Heptathlon gold medal
wrapped in her country's flag.

Ημέρα 08
Ολυμπιακό Γυμναστήριο
Άρσης Βαρών Νίκαιας
Η Γκιόνγκι Λίκερετζ από την Ουγγαρία
προσπαθεί να σηκώσει τα 147,5 κιλά
στο Επολέ-Ζετέ. Η Λίκερετζ κατέλαβε
την τέταρτη θέση στο αγώνισμα.

Day 08
Nikaia Olympic Weightlifting Hall
Gyongyi Likerecz attempts
to lift 147.5kg in the Clean and Jerk
of the women's Weightlifting
75kg category.
Likerecz finished in fourth place.

Ημέρα 08
Ολυμπιακό Γυμναστήριο
Άρσης Βαρών Νίκαιας
Στην τελευταία του εμφάνιση
στο άθλημα, ο Πύρρος Δήμας
κατέκτησε το χάλκινο μετάλλιο
στην κατηγορία των 85 κιλών.
Το ελληνικό κοινό τον αποχαιρέτησε
αποθεώνοντάς τον επί πέντε
λεπτά, ενώ τα τρία παιδιά του ανέβηκαν
μαζί του στο βάθρο μετά την απονομή.

Day 08
Nikaia Olympic Weightlifting Hall
In his final performance in the sport,
Pyrros Dimas of Greece clinched
the bronze medal in the men's
Weightlifting 85kg category.
The crowd bid him farewell with a five
minute standing ovation as he stood
with his three children on the podium,
after the medal ceremony.

Ημέρα 08
Ολυμπιακό Κέντρο Μπιτς Βόλεϊμπολ
Η Βασιλική Αρβανίτη ξεσπά σε κλάματα
μετά την ήττα με 2-1 από τη γερμανική
ομάδα του Μπιτς Βόλεϊμπολ.
Ανάλογα συναισθήματα προφανώς θα είχε
και η, εκτός πλάνου, συμπαίκτριά
της Θάλεια Κουτρουμανίδου.

Day 08
Olympic Beach Volleyball Centre
Greece's Vasiliki Arvaniti breaks down
in tears after the 2-1 defeat by Germany
in the women's Beach Volleyball event.
The emotions were likely mirrored
by her teammate Thaleia
Koutroumanidou, not pictured.

Ημέρα 08
Ολυμπιακό Ποδηλατοδρόμιο
Δεν κρύβεται η χαρά του Γενς
Φίντλερ, που μαζί με τον γιο του
Ραμόν πανηγυρίζει τη νίκη
της γερμανικής ομάδας
στο Ομαδικό Σπριντ ανδρών
στον τελικό της Ποδηλασίας Πίστας.

Day 08
Olympic Velodrome
Jens Fiedler cannot hide his joy
as he celebrates Germany's triumph
in the men's Team Sprint finals
in the Cycling Track competition,
with his son Ramon.

dayημέρα
09

22 Αυγούστου 2004

Ο τελικός των 100 μ. ανδρών
και ο Μαραθώνιος γυναικών στον Στίβο
ήταν οι σημαντικότερες στιγμές
της ένατης ημέρας των Αγώνων.
Στον τελικό των 100 μ. ανδρών 4 αθλητές
έκαναν χρόνο κάτω από 9,90 δευτερόλεπτα.
Νικητής ήταν ο Τζάστιν Γκάτλιν (ΗΠΑ),
που τερμάτισε πρώτος με χρόνο 9,85.
Στην Ποδηλασία Πίστας καταρρίφθηκαν
ακόμη δύο ρεκόρ.
Στην Ενόργανη Γυμναστική ο Δημοσθένης
Ταμπάκος ήταν ο χρυσός Ολυμπιονίκης
στους Κρίκους.

22 August 2004

The men's 100m finals and the women's
Marathon were the highlights of Day 09.
In the men's 100m final, four athletes finished
under 9.90 seconds. USA's Justin Gatlin
won the gold medal with 9.85. In the Cycling
Track, two more world records
were broken. In Artistic Gymnastics,
Dimosthenis Tampakos of Greece won
the gold medal in the Rings.

© REUTERS/Issei Kato

Ημέρα 09
Ολυμπιακό Γυμναστήριο Άνω Λιοσίων
Η Κιόκο Χαμαγκούτσι (δεξιά) πρόσωπο
με πρόσωπο με την Αμερικανίδα Τοκάρα
Μοντγκόμερι κατά τη διάρκεια
προκριματικού της Ελευθέρας Πάλης
γυναικών, στην κατηγορία των 72 κιλών.
Η αθλήτρια από την Ιαπωνία κατέκτησε
το χάλκινο Ολυμπιακό μετάλλιο
στην κατηγορία.

Day 09
Ano Liossia Olympic Hall
Kyoko Hamaguchi (R) wrestles face
to face with Toccara Montgomery
of the United States during the women's
Wrestling Freestyle 72kg elimination pool.
The Japanese athlete won the bronze
medal in the category.

Ημέρα 09
Ολυμπιακό Στάδιο
Ο Ιταλός Αλεσάντρο Ταλότι
μπορεί να κατάφερε να προκριθεί
στον τελικό του Άλματος
εις Ύψος των ανδρών, παρ' όλα
αυτά δεν κατάφερε να αποφύγει
τη δωδέκατη και τελευταία θέση.

Day 09
Olympic Stadium
Despite qualifying for the final
of the men's High Jump,
Alessandro Talotti of Italy
was unable to avoid
the 12th, and last, place.

Ημέρα 09
Ολυμπιακό Στάδιο
Η Αμερικανίδα **Γκέιλ Ντίβερς**
πέφτει λίγα μέτρα μετά
την εκκίνηση της πρώτης
προκριματικής σειράς των 100 μ.
μετ' Εμποδίων και αποχαιρετά
πρόωρα τους Αγώνες.

Day 09
Olympic Stadium
Gail Devers of the USA
stumbles a few metres after
the start of the women's 100m
Hurdles, bidding a premature
farewell to the competition.

Ημέρα 09
Ολυμπιακό Στάδιο
Η Αμερικανίδα Μελίσα Μόρισον
καθώς περνά ένα εμπόδιο στα 100 μ.
μετ' Εμποδίων. Η πανέμορφη αθλήτρια
κατέκτησε το χάλκινο μετάλλιο
στο αγώνισμα.

Day 09
Olympic Stadium
Melissa Morrison of the USA in action
in the women's 100m Hurdles.
The stunning athlete won
the bronze medal.

Ημέρα 09
Παναθηναϊκό Στάδιο
Η Γιαπωνέζα Μιζούκι Νογκούτσι
πανηγυρίζει με τα χέρια υψωμένα καθώς
κόβει πρώτη το νήμα του Μαραθωνίου
Δρόμου γυναικών, κερδίζοντας
έτσι το χρυσό μετάλλιο.

Day 09
Panathinaiko Stadium
Japan's Mizuki Noguchi raises her arms
in jubilation as she crosses the finish line
in first place to win the gold medal
in the women's Marathon.

Ημέρα 09
Ολυμπιακό Κέντρο Ιππασίας
Μαρκόπουλου
Ο Λούντο Φιλιπάερτς και το άλογό
του Πάρκο σε προσπάθειά τους
κατά τη διάρκεια προκριματικού
γύρου της Υπερπήδησης Εμποδίων.
Ο Βέλγος αναβάτης στον τελικό
έμεινε εκτός μεταλλίων.

Day 09
Markopoulo Olympic
Equestrian Centre
Ludo Philippaerts on his horse,
Parco, during the qualifying round
of the Equestrian Show Jumping
competition. The Belgian rider
was excluded from the medals race.

Ημέρα 09
Ολυμπιακό Κλειστό Γυμναστήριο
Ο χρυσός Ολυμπιονίκης
των Κρίκων στην Ενόργανη
Γυμναστική Δημοσθένης Ταμπάκος
σε προσπάθειά του στον τελικό
του αγωνίσματος.

Day 09
Olympic Indoor Hall
Dimosthenis Tampakos of Greece,
Olympic champion in the Artistic
Gymnastics Rings, performs
in the discipline's final.

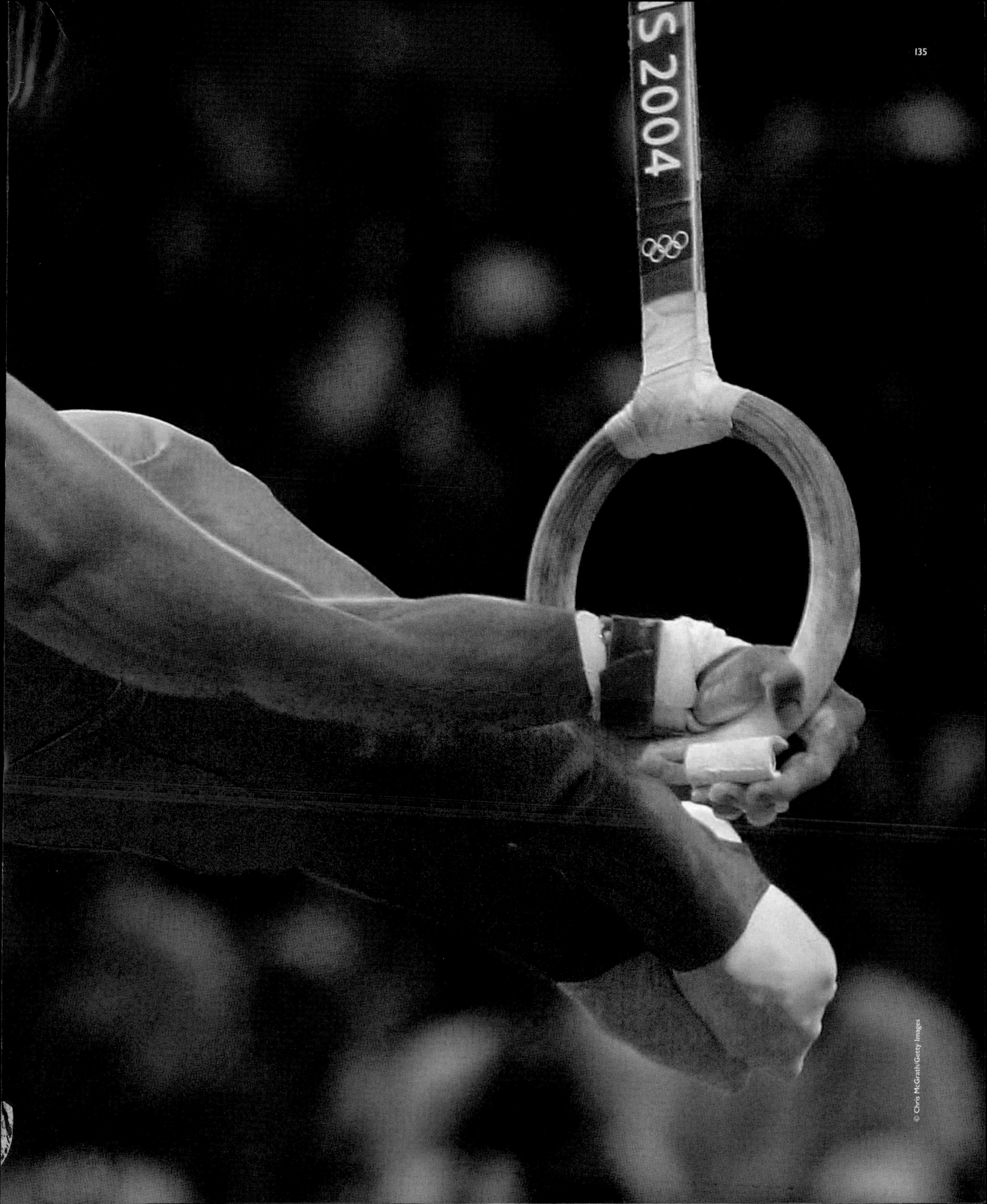
2004

140

Ημέρα 05
Αρχαία Ολυμπία
Η Ρωσίδα Ιρίνα Κορζανένκο, χρυσή
Ολυμπιονίκης της Σφαιροβολίας,
πραγματοποιεί μία βολή στον μεγάλο
τελικό του αγωνίσματος.
Αργότερα της αφαιρέθηκε
το μετάλλιο, καθώς βρέθηκε θετική
σε έλεγχο ντόπινγκ.

Day 05
Ancient Olympia
Gold medal winner Irina Korzhanenko
of Russia in action during the women's
Shot Put final. Her medal was later
revoked after she failed a doping test.

Ημέρα 10
Ολυμπιακό Στάδιο
Εκφραστικός ο Ούγγρος Αττίλα
Σμίρνοφ, καθώς επιχειρεί να φθάσει
όσο πιο μακριά μπορεί στο Άλμα
εις Μήκος του Δεκάθλου.

Day 10
Olympic Stadium
Hungary's Attila Smirnov grimaces
as he attempts a good leap
in the men's Decathlon Long Jump.

Ημέρα 10
Ολυμπιακό Κλειστό Γυμναστήριο
Ο Καναδός Κιλ Σεβφέλτ σε προσπάθειά
του στον τελικό του Άλματος
της Ενόργανης Γυμναστικής.
Ο Καναδός γυμναστής κατέλαβε
την τέταρτη θέση στο αγώνισμα.

Day 10
Olympic Indoor Hall
Kyle Shewfelt performs in the men's
Vault final in Artistic Gymnastics.
The Canadian gymnast ranked
in fourth place.

ATHENS 2004

Ημέρα 10
Ολυμπιακό Κλειστό Γυμναστήριο
Σκεπτική η Βραζιλιάνα Νταϊάν ντος
Σάντος μετά την ολοκλήρωση
της προσπάθειάς της στον τελικό
του Ατομικού των Ασκήσεων Εδάφους
στη Ρυθμική Γυμναστική.
Πήρε την πέμπτη θέση.

Day 10
Olympic Indoor Hall
Brazilian gymnast Daiane dos Santos
is pensive after completing
her performance in the floor exercises
of the women's Individual Artistic
Gymnastics. She finished fifth.

Ημέρα 10
Ολυμπιακό Κέντρο Υγρού Στίβου
Οι Μπεατρίς Σπατσιάνι και Λορένα
Ζαφαλόν κατά τη διάρκεια
του προκριματικού στο Τεχνικό
Πρόγραμμα Ντουέτο
της Συγχρονισμένης Κολύμβησης.
Στον τελικό του αγωνίσματος οι δύο
παίκτες κατέλαβαν την όγδοη θέση.

Day 10
Olympic Aquatic Centre
Beatrice Spaziani and Lorena Zaffalon
of Italy compete in the preliminary
event of the Duet Technical Routine
in Synchronised Swimming. The Italian
duo finished eighth in the final.

148

Ημέρα 10
Ολυμπιακό Ποδηλατοδρόμιο
Ο Αυστραλός Γκρέιαμ Μπράουν
ξεσπά σε κλάματα μετά
την κατάκτηση του χρυσού
μεταλλίου στο Ομαδικό Πουρσουίτ
ανδρών στην Ποδηλασία Πίστας.

Day 10
Olympic Velodrome
Australia's Graeme Brown sheds
happy tears after winning the gold
medal in the men's Cycling Track
Team Pursuit.

Ημέρα 10
Ολυμπιακό Κωπηλατοδρόμιο Σχοινιά
Αθλητές κατά την εκκίνηση προκριματικής
σειράς των 1.000 μ. Κ2 στο Καγιάκ. Στον τελικό
του αγωνίσματος επικράτησαν οι Σουηδοί
Μάρκους Όσκαρσον και Χένρικ Νίλσον.

Day 10
Schinias Olympic Rowing and Canoeing Centre
Rowers leave the starting line in the men's
Kayak K2 class 1,000m heat.
Markus Oscarsson and Henrik Nilsson
of Sweden won the final.

dayημέρα

II

24 Αυγούστου 2004
Δεκαοκτώ αθλήματα διεξήχθησαν
κατά την ενδέκατη ημέρα των Αγώνων.
Σε έξι από αυτά υπήρξαν τελικοί αγώνες.
Η ολοκλήρωση της Ενόργανης Γυμναστικής,
μία μέρα πριν, γιορτάστηκε με ένα
εντυπωσιακό αθλητικό γκαλά.
Χιλιάδες θεατές στο Ολυμπιακό Στάδιο
της Αθήνας χειροκρότησαν
τις προσπάθειες των αθλητών στον Στίβο.

24 August 2004
Eighteen sports took place during Day II
of the Games. Six of the sports were finals.
The conclusion of the Artistic Gymnastics
competition the previous day was
celebrated with an impressive Gala Event.
Thousands of Athletics fans also gathered
in the Athens Olympic Stadium to cheer
the athletes competing for a medal.

ATHENS 2004

Ημέρα ΙΙ
Ολυμπιακό Στάδιο
Ο Βραζιλιάνος Ρεντελέν Σάντος,
μετά το τέλος ενός προκριματικού
στα 110 μ. Εμπόδια ανδρών, αναζητεί
στο ταμπλό τον χρόνο που πέτυχε.

Day II
Olympic Stadium
Following a heat in the men's 110m
Hurdles, Redelin Santos of Brazil
searches the scoreboard
for his time.

ATHENS 2004

2338

9

Ημέρα 11
Ολυμπιακό Στάδιο
Τρεις Κενυάτες κατέκτησαν τις τρεις πρώτες θέσεις στα 3.000 μ. Φυσικά Εμπόδια. Ο Εζεκίελ Κεμπόι (κέντρο) πήρε το χρυσό, ο Μπρίμιν Κιπρούτο (δεξιά) το ασημένιο και ο Πολ Κιπσιελέ Κοχ το χάλκινο.

Day 11
Olympic Stadium
Three Kenyans clinched the first three places in the 3,000m Steeplechase final. Ezekiel Kemboi (C) won the gold, Brimin Kipruto (R) the silver and Paul Kipsiele Koech (L) the bronze.

Ημέρα ΙΙ
Ολυμπιακό Γυμναστήριο Άνω Λιοσίων
Καταπονημένοι οι δύο παλαιστές
Μιχαήλ Λοπέζ από την Κούβα
(αριστερά) και Γιούρι Γιεβσέιτσικ
από το Ισραήλ, λίγο πριν τελειώσει
ο προκριματικός της κατηγορίας
των 120 κιλών στην Ελληνορωμαϊκή
Πάλη. Νικητής ήταν ο Κουβανός.

Day II
Ano Liossia Olympic Hall
Cuba's Mijail Lopez (L) and Israel's
Yuriy Yevseychyk looking worn out,
minutes before their bout in the
men's Greco-Roman Wrestling 120kg
is over. The Cuban won the match.

Ημέρα ΙΙ
Ολυμπιακό Γυμναστήριο
Άρσης Βαρών Νίκαιας
Ο Φουρκάτ Σαΐτοφ
από το Ουζμπεκιστάν μετά
από μία προσπάθειά του
στον αγώνα της κατηγορίας
94 κιλών της Άρσης Βαρών.

Day ΙΙ
Nikaia Olympic Weightlifting Hall
Uzbekistan's Furkat Saidov
after a lift in the men's 94kg
Weightlifting event.

Ημέρα ΙΙ
Ολυμπιακό Κέντρο Υγρού Στίβου
Ο Νίκος Δεληγιάννης έχει μόλις
αποσοβήσει ένα γκολ των Ιταλών
στον προκριματικό αγώνα μεταξύ
Ελλάδας - Ιταλίας στην Υδατοσφαίριση
ανδρών. Ο φακός τον συλλαμβάνει
τη στιγμή που ακόμη προσπαθεί
συνειδητοποιήσει τι έγινε.

Day ΙΙ
Olympic Aquatic Centre
Nikos Deligiannis of Greece after
deflecting a goal in the men's Water Polo
preliminary game between Greece and
Italy. The camera captures him
as he realises what happened.

Ημέρα 12
Ολυμπιακό Κλειστό Γυμναστήριο
Η ομάδα Καλαθοσφαίρισης
της Βραζιλίας πανηγυρίζει τη νίκη
της (67-63) στον προημιτελικό
των γυναικών εναντίον της Ισπανίας.

Day 12
Olympic Indoor Hall
The Brazilian team celebrates after
defeating Spain by 67-63 in the women's
Basketball quarterfinal match.

Ημέρα 12
Ολυμπιακό Στάδιο
Η Κινέζα Ξούε Γουάν ζυγίζει
με τη ματιά της τη ρίψη
του ακοντίου στους προκριματικούς
του αγωνίσματος.

Day 12
Olympic Stadium
China's Xue Juan calculates
her attempt in the women's
Javelin Throw qualifications.

© AFP PHOTO/JAVIER SORIANO

Ημέρα 12
Ολυμπιακό Στάδιο
Απογοητευμένος ο Αμερικανός
Άλεν Τζόνσον μετά την πτώση
του στους προκριματικούς
των 110 μ. Εμπόδια ανδρών.

Day 12
Olympic Stadium
Disappointment for Allen Johnson,
after he took a tumble
in the men's 110m Hurdles heats.

Ημέρα 12
Ολυμπιακό Στάδιο
Ο Άλεν Τζόνσον
μετά την πτώση του.

Day 12
Olympic Stadium
Allen Johnson, seconds after his fall.

Ημέρα 13
Ολυμπιακό Κέντρο Υγρού Στίβου
Η ομάδα της Ισπανίας κατά
τη διάρκεια της προσπάθειάς
της στο Τεχνικό Ομαδικό Πρόγραμμα
της Συγχρονισμένης Κολύμβησης.
Οι Ισπανίδες κατέλαβαν την τέταρτη
θέση στον τελικό του αγωνίσματος.

Day 13
Olympic Aquatic Centre
Spain's team performs in the Team
Technical Routine event
in Synchronised Swimming.
The Spaniards came fourth in the final.

Ημέρα 13
Ολυμπιακό Κέντρο Υγρού Στίβου
Οι Γιαπωνέζες Μίγια Τακιμπάνα
και Μίχο Τακέντα κατά τη διάρκεια
του Ελεύθερου Προγράμματος Ντουέτο,
αγώνισμα στο οποίο κατέλαβαν τη δεύτερη
θέση στους Ολυμπιακούς Αγώνες.

Day 13
Olympic Aquatic Centre
Miya Tachibana and Miho Takeda
of Japan compete in the Duet Free
Routine final. They won the silver medal.

Ημέρα 14
Ολυμπιακό Γυμναστήριο
Πυγμαχίας Περιστερίου
Ο Κινέζος Ζου Σίμινγκ δέχεται
μια δυνατή γροθιά στο πρόσωπο
από τον Κουβανό Μπαρτέλεμι Βαρέλα
στον ημιτελικό της κατηγορίας
των 48 κιλών στην Πυγμαχία.
Ο Βαρέλα κατέκτησε τελικά
το χρυσό μετάλλιο.

Day 14
Peristeri Olympic Boxing Hall
Zou Shiming of China takes
a forceful punch to the face
from Cuban boxer Bhartelemy Varela
in the semifinal of the men's Light
Flyweight (48kg) category. Varela was
later crowned Olympic Champion.

© AFP PHOTO FRANCK FIFE

Ημέρα 14
Ολυμπιακό Στάδιο
Η Κουβανή Οσλέιντι Μενέντεζ
στέφθηκε χρυσή Ολυμπιονίκης
στον Ακοντισμό γυναικών,
κερδίζοντας τον τελικό με βολή 71,53.

Day 14
Olympic Stadium
Osleidys Menendez of Cuba
was crowned Olympic Champion
in the women's Javelin event, winning
the final with a throw of 71.53.

Ημέρα 14
Ολυμπιακό Γυμναστήριο
Άνω Λιοσίων
Ο Αμερικανός Τζαμίλ Κέλι (επάνω)
κάνει μία λαβή στον Έλμαν Αγκάροφ
από το Αζερμπαϊτζάν
στον προκριματικό της κατηγορίας
των 66 κιλών της Ελευθέρας Πάλης
ανδρών. Ο Τζαμίλ ήταν και ο χρυσός
Ολυμπιονίκης της κατηγορίας.

Day 14
Ano Liossia Olympic Hall
Jamill Kelly of the USA (top)
grapples with Azerbaijan's Elman
Asgarov in the men's Freestyle
Wrestling 66kg elimination pool.
Jamill was the event's gold medallist.

Ημέρα 14
Ολυμπιακό Στάδιο
Ο Ολλανδός Πατρίκ Βαν Μπάλκομ
καταρρέει. Η ολλανδική ομάδα
της Σκυταλοδρομίας 4x100 μ.
ανδρών δεν κατάφερε να
τερματίσει στους προκριματικούς
του αγωνίσματος.

Day 14
Olympic Stadium
Patrick Van Balkom from
the Netherlands collapses.
The Dutch team has just failed
to finish in the preliminaries
of the men's 4x100 Relay event.

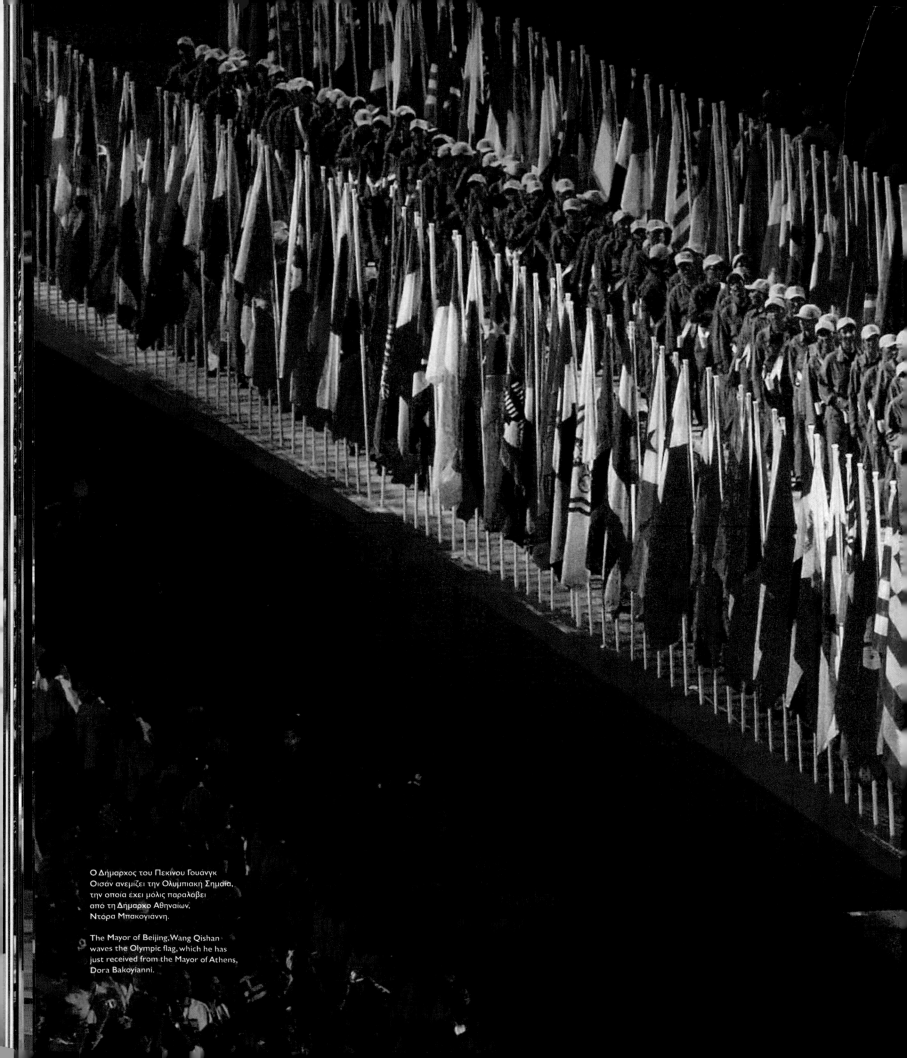

Ο Δήμαρχος του Πεκίνου Γουάνγκ Οισάν ανεμίζει την Ολυμπιακή Σημαία, την οποία έχει μόλις παραλάβει από τη Δήμαρχο Αθηναίων, Ντόρα Μπακογιάννη.

The Mayor of Beijing, Wang Qishan waves the Olympic flag, which he has just received from the Mayor of Athens, Dora Bakoyianni.

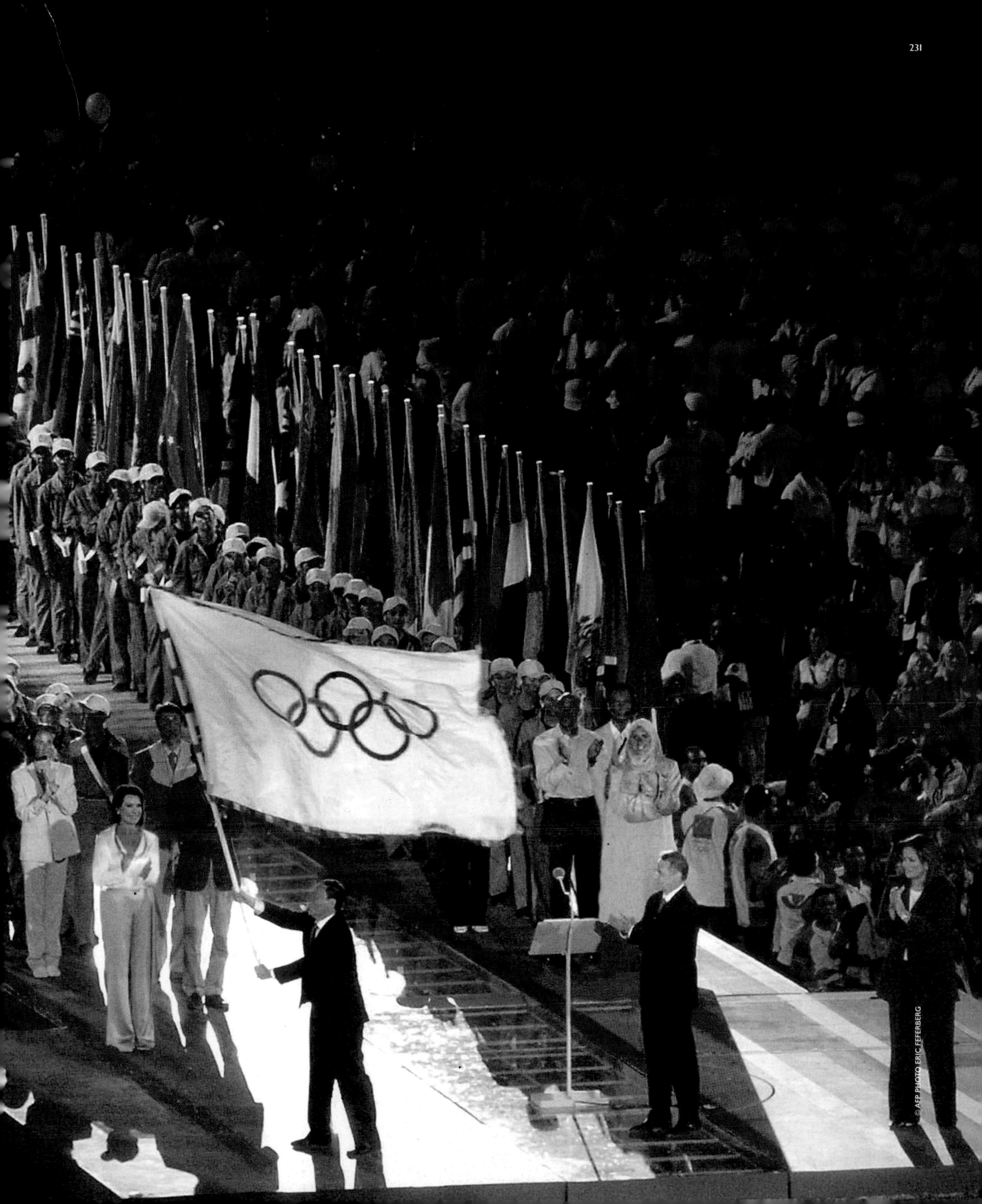

Ο βωμός του Σταδίου έχει χαμηλώσει
και σε λίγο η Φλόγα θα σβήσει,
καθώς οι Αγώνες της Αθήνας
κηρύσσονται επισήμως περατωθέντες.

The cauldron carrying the Olympic
Flame is lowered, as the Athens Games
are officially over.

Με μελαγχολική ματιά η 10χρονη
Φωτεινή, φυσά και συμβολικά
σβήνει τη Φλόγα.
Οι Αγώνες έχουν τελειώσει.

With a whistful look, ten year-old
Foteini blows and symbolically puts out
the Flame. The Games have ended.

Καλή αντάμωση στο Πεκίνο το 2008
See you in Beijing 2008

Τα Ελληνικά Μετάλλια

Τα 16 μετάλλια που κατέκτησαν οι Έλληνες αθλητές στους Αγώνες
της Αθήνας ήταν η καλύτερη συγκομιδή για την Ελλάδα,
μετά τους Ολυμπιακούς Αγώνες του 1896.
Η Ελλάδα αναδείχθη, επιπλέον, έκτη δύναμη στο Στίβο χάρη
στα 5 μετάλλια (2 χρυσά, 2 ασημένια, 1 χάλκινο) των αθλητών
της σ' αυτό το πεδίο, συνολικά δε, κατέλαβε τη 15η θέση στον πίνακα
μεταλλίων με βάση τη συγκομιδή των χρυσών και τη 17η θέση με βάση
το σύνολο των κερδισμένων μεταλλίων.

The Greek Medals

The 16 medals won by Greek athletes in the Athens
Olympic Games was the highest number obtained for Greece
since the Olympic Games of 1896.
Greece ranked sixth in the Athletics events thanks to 5 medals
(2 gold, 2 silver, 1 bronze). In total, the host country ranked
in 15th place in the number of gold medals won and in 17th place
on the overall medals standings.

*Όταν ο Πέρσης αξιωματικός Τιγράνης έμαθε ότι το βραβείο
δεν ήταν χρηματικό αλλά ένα απλό στεφάνι (από κλάδους ελιάς)
ταράχτηκε και φώναξε δυνατά: «Για τ' όνομα του Θεού,
Μαρδόνιε, με τι ανθρώπους μάς έφερες αντιμέτωπους
να πολεμήσουμε; Αυτοί δεν αγωνίζονται για τα χρήματα,
αλλά για τη δόξα της επιτυχίας!»*

Ηροδότου, Ιστορίαι, 8.26.3

*When the Persian military officer Tigranes heard that the prize
was not money, but a crown [of olive], he could not hold his peace,
but cried: "Good heavens, Mardonius, what kind of men are these
that you have pitted us against? It is not for money
they contend, but for glory of achievement!"*

Herodotus, Histories, 8.26.3

Τζούντο
Judo

Στίβος
Athletics

Χρυσοπηγή Δεβετζή
Αργυρό Μετάλλιο
Άλμα Τριπλούν Γυναικών

Μπορεί στα πρώτα της βήματα στον αθλητισμό η Χρυσοπηγή Δεβετζή να οδηγήθηκε στα γυμναστήρια της Ενόργανης Γυμναστικής και στα γήπεδα της Πετοσφαίρισης, παρ' όλα αυτά η μοίρα της είχε υφάνει τα πέπλα του θριάμβου στο διάδρομο του Άλματος Τριπλούν. Στους Ολυμπιακούς Αγώνες της Αθήνας η αθλήτρια από την Αλεξανδρούπολη κρέμασε στο στήθος της το ασημένιο μετάλλιο, αφού στον τελικό του αγωνίσματος «πέταξε» στο τέταρτο άλμα της στα 15.25 μ., γοητεύοντας τον αθλητικό κόσμο. Για την 29χρονη άλτρια με το λαμπερό χαμόγελο το μετάλλιο αυτό ήταν το δεύτερο που κατέκτησε σε μεγάλους αγώνες, αφού στο Παγκόσμιο Πρωτάθλημα Κλειστού, το 2004 στη Βουδαπέστη, είχε κρεμάσει στο στήθος της το χάλκινο.

Hrysopiyi Devetzi
Silver Medal
Women's Triple Jump

Although she started out as a gymnast and volleyball player, fate had something else in store for Devetzi. In the ATHENS 2004 Olympic Games, the athlete from Alexandroupolis proudly displayed the silver medal on her chest, after captivating the sporting world with her flight at the 15.25m mark. For the 29 year-old triple jumper with the bright smile, the medal was her second in a major sporting event, after the bronze medal she won in the 2004 Budapest World Indoor Championship.

Κωπηλασία
Rowing

Βασίλης Πολύμερος & Νίκος Σκιαθίτης
Χάλκινο Μετάλλιο
Διπλό Σκιφ Ελαφρών Βαρών ανδρών

Το υγρό στοιχείο στους Ολυμπιακούς Αγώνες της Αθήνας
«συνωμότησε» με την Ελλάδα και της έφερε το πρώτο
Ολυμπιακό μετάλλιο στην Κωπηλασία. Έπειτα από μια
συγκλονιστική κούρσα στον τελικό του Διπλού Σκιφ Ελαφρών
Βαρών, οι Έλληνες κωπηλάτες Βασίλης Πολύμερος
και Νίκος Σκιαθίτης ανέβηκαν στο τρίτο σκαλί του βάθρου,
επιτυχία πρωτόγνωρη για τα ελληνικά κουπιά.
Οι δύο Βολιώτες αθλητές με χρόνο 6:23.23 κατέκτησαν
το χάλκινο μετάλλιο ενώ την πρώτη θέση κατέλαβαν οι Τόμας
Κουχάρσκι και Ρόμπερτ Σιτς από την Πολωνία και τη δεύτερη
οι Γάλλοι Φρεντερίκ Ντιφούρ και Πασκάλ Τουρόν.

Vasilis Polymeros & Nikos Skiathitis
Bronze Medal
Lightweight men's Double Sculls

In the ATHENS 2004 Olympic Games, water "conspired"
with Greece and yielded the first ever Olympic medal
in Rowing.
After a dramatic race in the final of the men's Lightweight
Double Sculls, Greek rowers Vasilis Polymeros and
Nikos Skiathitis rose to the third step of the podium,
a success unprecedented for Greek rowers. The two athletes
from Volos took the bronze medal with a time of 6:23.23,
in an event that brought first place for Tomasz Kucharski
and Robert Sycz of Poland and Frederic Dufour and Pascal
Touron of France.

Nation Abbreviations Codes of Olympic & Sports Committees
Κωδικοποίηση Κρατών Κωδικοί Εθνικών Ολυμπιακών Επιτροπών

AFG	Afghanistan	Αφγανιστάν
AHO	Netherlands Antilles	Ολλανδικές Αντίλλες
ALB	Albania	Αλβανία
ALG	Algeria	Αλγερία
AND	Andorra	Ανδόρρα
ANG	Angola	Αγκόλα
ANT	Antigua and Barbuda	Αντίγκουα και Μπαρμπούντα
ARG	Argentina	Αργεντινή
ARM	Armenia	Αρμενία
ARU	Aruba	Αρούμπα
ASA	American Samoa	Αμερικανικές Σαμόα
AUS	Australia	Αυστραλία
AUT	Austria	Αυστρία
AZE	Azerbaijan	Αζερμπαϊτζάν
BAH	Bahamas	Μπαχάμες
BAN	Bangladesh	Μπαγκλαντές
BAR	Barbados	Μπαρμπάντος
BDI	Burundi	Μπουρούντι
BEL	Belgium	Βέλγιο
BEN	Benin	Μπενίν
BER	Bermuda	Βερμούδες
BHU	Bhutan	Μπουτάν
BIH	Bosnia - Herzegovina	Βοσνία - Ερζεγοβίνη
BIZ	Belize	Μπελίζε
BLR	Belarus	Λευκορωσία
BOL	Bolivia	Βολιβία
BOT	Botswana	Μποτσουάνα
BRA	Brazil	Βραζιλία
BRN	Bahrain	Μπαχρέιν
BRU	Brunei Darussalam	Μπρουνέι
BUL	Bulgaria	Βουλγαρία
BUR	Burkina Faso	Μπουρκίνα Φάσο
CAF	Central African Republic	Κεντροαφρικανική Δημοκρατία
CAM	Cambodia	Καμπότζη
CAN	Canada	Καναδάς
CAY	Cayman Islands	Νήσοι Καϋμάν
CGO	Congo	Κονγκό
CHA	Chad	Τσαντ
CHI	Chile	Χιλή
CHN	People's Republic of China	Λαϊκή Δημοκρατία της Κίνας
CIV	Côte d' Ivoire	Ακτή Ελεφαντοστού
CMR	Cameroon	Καμερούν
COD	Democratic Republic of the Congo	Λαϊκή Δημοκρατία του Κονγκό
COK	Cook Islands	Νήσοι Κουκ
COL	Colombia	Κολομβία
COM	Comoros	Κομόρες
CPV	Cape Verde	Πράσινο Ακρωτήριο
CRC	Costa Rica	Κόστα Ρίκα
CRO	Croatia	Κροατία
CUB	Cuba	Κούβα
CYP	Cyprus	Κύπρος
CZE	Czech Republic	Τσεχική Δημοκρατία
DEN	Denmark	Δανία
DJI	Djibouti	Τζιμπουτί
DMA	Dominica	Δομίνικα
DOM	Dominican Republic	Δομινικανή Δημοκρατία
ECU	Ecuador	Ισημερινός
EGY	Egypt	Αίγυπτος
ERI	Eritrea	Ερυθραία
ESA	El Salvador	Ελ Σαλβαδόρ
ESP	Spain	Ισπανία
EST	Estonia	Εσθονία
ETH	Ethiopia	Αιθιοπία
FIJ	Fiji	Φίτζι
FIN	Finland	Φινλανδία
FRA	France	Γαλλία
FSM	Federated States of Micronesia	Ομόσπονδες Πολιτείες της Μικρονησίας
GAB	Gabon	Γκαμπόν
GAM	Gambia	Γκάμπια
GBR	Great Britain	Μεγάλη Βρετανία
GBS	Guinea - Bissau	Γουινέα - Μπισσάου
GEO	Georgia	Γεωργία
GEQ	Equatorial Guinea	Ισημερινή Γουινέα
GER	Germany	Γερμανία
GHA	Ghana	Γκάνα
GRE	Greece	Ελλάδα
GRN	Grenada	Γρενάδα
GUA	Guatemala	Γουατεμάλα
GUI	Guinea	Γουινέα
GUM	Guam	Γκουάμ
GUY	Guyana	Γουιάνα
HAI	Haiti	Αϊτή
HKG	Hong Kong, China	Χονγκ-Κονγκ, Κίνα
HON	Honduras	Ονδούρα
HUN	Hungary	Ουγγαρία
INA	Indonesia	Ινδονησία
IND	India	Ινδία
IRI	Islamic Republic of Iran	Ισλαμική Δημοκρατία του Ιράν
IRL	Ireland	Ιρλανδία
IRQ	Iraq	Ιράκ
ISL	Iceland	Ισλανδία
ISR	Israel	Ισραήλ
ISV	Virgin Islands	Παρθένοι Νήσοι
ITA	Italy	Ιταλία
IVB	British Virgin Islands	Βρεταννικές Παρθένοι Νήσοι
JAM	Jamaica	Τζαμάικα
JOR	Jordan	Ιορδανία
JPN	Japan	Ιαπωνία
KAZ	Kazakhstan	Καζακστάν
KEN	Kenya	Κένυα
KGZ	Kyrgyzstan	Κιργιζία
KIR	Kiribati	Κιριμπάτι
KOR	Korea	Κορέα
KSA	Saudi Arabia	Σαουδική Αραβία
KUW	Kuwait	Κουβέιτ
LAO	Lao People's Democratic Republic	Λαϊκή Δημοκρατία του Λάος
LAT	Latvia	Λετονία
LBA	Libyan Arab Jamahiriya	Λιβυκή Αραβική Τζαμαχιρία
LBR	Liberia	Λιβερία
LCA	Saint Lucia	Αγία Λουκία
LES	Lesotho	Λεσόθο
LIB	Lebanon	Λίβανος
LIE	Liechtenstein	Λιχτενστάιν
LTU	Lithuania	Λιθουανία
LUX	Luxembourg	Λουξεμβούργο
MAD	Madagascar	Μαδαγασκάρη
MAR	Morocco	Μαρόκο
MAS	Malaysia	Μαλαισία
MAW	Malawi	Μαλάουι
MDA	Republic of Moldova	Μολδαβία
MDV	Maldives	Μαλδίβες
MEX	Mexico	Μεξικό
MGL	Mongolia	Μογγολία
MKD	Former Yugoslav Republic of Macedonia	Πρώην Γιουγκοσλαβική Δημοκρατία της Μακεδονίας
MLI	Mali	Μάλι
MLT	Malta	Μάλτα
MON	Monaco	Μονακό
MOZ	Mozambique	Μοζαμβίκη
MRI	Mauritius	Μαυρίκιος
MTN	Mauritania	Μαυριτανία
MYA	Myanmar	Μυανμάρ
NAM	Namibia	Ναμίμπια
NCA	Nicaragua	Νικαράγουα
NED	Netherlands	Ολλανδία
NEP	Nepal	Νεπάλ
NGR	Nigeria	Νιγηρία
NIG	Niger	Νίγηρας
NOR	Norway	Νορβηγία
NRU	Nauru	Ναουρού
NZL	New Zealand	Νέα Ζηλανδία
OMA	Oman	Ομάν
PAK	Pakistan	Πακιστάν
PAN	Panama	Παναμάς
PAR	Paraguay	Παραγουάη
PER	Peru	Περού
PHI	Philippines	Φιλιππίνες
PLE	Palestine	Παλαιστίνη
PLW	Palau	Παλάου
PNG	Papua New Guinea	Παπούα - Νέα Γουινέα
POL	Poland	Πολωνία
POR	Portugal	Πορτογαλία
PRK	Democratic People's Republic of Korea	Λαϊκή Δημοκρατία της Κορέας
PUR	Puerto Rico	Πουέρτο Ρίκο
QAT	Qatar	Κατάρ
ROM	Romania	Ρουμανία
RSA	South Africa	Νότιος Αφρική
RUS	Russian Federation	Ρωσική Ομοσπονδία
RWA	Rwanda	Ρουάντα
SAM	Samoa	Σαμόα
SCG	Serbia & Montenegro	Σερβία & Μαυροβούνιο
SEN	Senegal	Σενεγάλη
SEY	Seychelles	Σεϋχέλλες
SIN	Singapore	Σιγκαπούρη
SKN	Saint Kitts and Nevis	Σαιν Κιτς και Νέβις
SLE	Sierra Leone	Σιέρρα Λεόνε
SLO	Slovenia	Σλοβενία
SMR	San Marino	Άγιος Μαρίνος
SOL	Solomon Islands	Νήσοι Σολομώντος
SOM	Somalia	Σομαλία
SRI	Sri Lanka	Σρι Λάνκα
STP	Sao Tome and Principe	Σάο Τομέ και Πρίνσιπε
SUD	Sudan	Σουδάν
SUI	Switzerland	Ελβετία
SUR	Suriname	Σουρινάμ
SVK	Slovakia	Σλοβακία
SWE	Sweden	Σουηδία
SWZ	Swaziland	Σουαζιλάνδη
SYR	Syrian Arab Republic	Αραβική Δημοκρατία της Συρίας
TAN	United Republic of Tanzania	Τανζανία
TGA	Tonga	Τόγκα
THA	Thailand	Ταϋλάνδη
TJK	Tajikistan	Τατζικιστάν
TKM	Turkmenistan	Τουρκμενιστάν
TLS	Timor-Leste	Ανατολικό Τιμόρ
TOG	Togo	Τόγκο
TPE	Chinese Taipei	Κινεζική Ταϊπέι
TRI	Trinidad and Tobago	Τρινιδάδ και Τομπάγκο
TUN	Tunisia	Τυνησία
TUR	Turkey	Τουρκία
UAE	United Arab Emirates	Ηνωμένα Αραβικά Εμιράτα
UGA	Uganda	Ουγκάντα
UKR	Ukraine	Ουκρανία
URU	Uruguay	Ουρουγουάη
USA	United States of America	Ηνωμένες Πολιτείες Αμερικής
UZB	Uzbekistan	Ουζμπεκιστάν
VAN	Vanuatu	Βανουάτου
VEN	Venezuela	Βενεζουέλα
VIE	Vietnam	Βιετνάμ
VIN	Saint Vincent and the Grenadines	Άγιος Βικέντιος και Γρεναδίνες
YEM	Yemen	Υεμένη
ZAM	Zambia	Ζάμπια
ZIM	Zimbabwe	Ζιμπάμπουε

Medals / Μετάλλια

R/G	NOC	Χώρα	Gold Χρυσό	Silver Αργυρό	Bronze Χάλκινο	Total Σύνολο	R/T
1	USA	United States / Ην. Πολιτείες Αμερικής	35	39	29	103	1
2	CHN	China / Λαϊκή Δημοκρατία Κίνας	32	17	14	63	3
3	RUS	Russia / Ρωσία	27	27	38	92	2
4	AUS	Australia / Αυστραλία	17	16	16	49	4
5	JPN	Japan / Ιαπωνία	16	9	12	37	6
6	GER	Germany / Γερμανία	14	16	18	48	5
7	FRA	France / Γαλλία	11	9	13	33	7
8	ITA	Italy / Ιταλία	10	11	11	32	8
9	KOR	Korea / Κορέα	9	12	9	30	=9
10	GBR	Great Britain / Μεγάλη Βρετανία	9	9	12	30	=9
11	CUB	Cuba / Κούβα	9	7	11	27	11
12	UKR	Ukraine / Ουκρανία	9	5	9	23	12
13	HUN	Hungary / Ουγγαρία	8	6	3	17	16
14	ROM	Romania / Ρουμανία	8	5	6	19	=14
15	GRE	Greece / Ελλάδα	6	6	4	16	17
16	NOR	Norway / Νορβηγία	5	0	1	6	=32
17	NED	Netherlands / Ολλανδία	4	9	9	22	13
18	BRA	Brazil / Βραζιλία	4	3	3	10	=21
19	SWE	Sweden / Σουηδία	4	1	2	7	=28
20	ESP	Spain / Ισπανία	3	11	5	19	=14
21	CAN	Canada / Καναδάς	3	6	3	12	=19
22	TUR	Turkey / Τουρκία	3	3	4	10	=21
23	POL	Poland / Πολωνία	3	2	5	10	=21
24	NZL	New Zealand / Νέα Ζηλανδία	3	2	0	5	=37
25	THA	Thailand / Ταϊλάνδη	3	1	4	8	=24
26	BLR	Belarus / Λευκορωσία	2	6	7	15	18
27	AUT	Austria / Αυστρία	2	4	1	7	=28
28	ETH	Ethiopia / Αιθιοπία	2	3	2	7	=28
=29	IRI	I. R. Iran / Ιράν	2	2	2	6	=32
=29	SVK	Slovakia / Σλοβακία	2	2	2	6	=32
31	TPE	Chinese Taipei / Κινεζική Ταϊπέι	2	2	1	5	=37
32	GEO	Georgia / Γεωργία	2	2	0	4	=46
33	BUL	Bulgaria / Βουλγαρία	2	1	9	12	=19
=34	JAM	Jamaica / Τζαμάικα	2	1	2	5	=37
=34	UZB	Uzbekistan / Ουζμπεκιστάν	2	1	2	5	=37
36	MAR	Morocco / Μαρόκο	2	1	0	3	=51
37	DEN	Denmark / Δανία	2	0	6	8	=24
38	ARG	Argentina / Αργεντινή	2	0	4	6	=32
39	CHI	Chile / Χιλή	2	0	1	3	=51
40	KAZ	Kazakhstan / Καζακστάν	1	4	3	8	=24
41	KEN	Kenya / Κένυα	1	4	2	7	=28
42	CZE	Czech Republic / Τσεχία	1	3	4	8	=24
43	RSA	South Africa / Νότια Αφρική	1	3	2	6	=32
44	CRO	Croatia / Κροατία	1	2	2	5	=37
45	LTU	Lithuania / Λιθουανία	1	2	0	3	=51
=46	EGY	Egypt / Αίγυπτος	1	1	3	5	=37
=46	SUI	Switzerland / Ελβετία	1	1	3	5	=37
48	INA	Indonesia / Ινδονησία	1	1	2	4	=46
49	ZIM	Zimbabwe / Ζιμπάμπουε	1	1	1	3	=51
50	AZE	Azerbaijan / Αζερμπαϊτζάν	1	0	4	5	=37
51	BEL	Belgium / Βέλγιο	1	0	2	3	=51
=52	BAH	Bahamas / Μπαχάμες	1	0	1	2	=58
=52	ISR	Israel / Ισραήλ	1	0	1	2	=58
=54	CMR	Cameroon / Καμερούν	1	0	0	1	=64
=54	DOM	Dominican Rep / Δομινικανή Δημοκρατία	1	0	0	1	=64
=54	IRL	Ireland / Ιρλανδία	1	0	0	1	=64
=54	UAE	U Arab Emirates / Ηνωμένα Αραβικά Εμιράτα	1	0	0	1	=64
58	PRK	DPR Korea / Λαϊκή Δημοκρατία Κορέας	0	4	1	5	=37
59	LAT	Latvia / Λεττονία	0	4	0	4	=46
60	MEX	Mexico / Μεξικό	0	3	1	4	=46
61	POR	Portugal / Πορτογαλλία	0	2	1	3	=51
=62	FIN	Finland / Φιλανδία	0	2	0	2	=58
=62	SCG	Serbia/Monteneg / Σερβία & Μαυροβούνιο	0	2	0	2	=58
64	SLO	Slovenia / Σλοβενία	0	1	3	4	=46
65	EST	Estonia / Εσθονία	0	1	2	3	=51
=66	HKG	Hong Kong / Χονγκ Κονγκ	0	1	0	1	=64
=66	IND	India / Ινδία	0	1	0	1	=64
=66	PAR	Paraguay / Παραγουάη	0	1	0	1	=64
=69	NGR	Nigeria / Νιγηρία	0	0	2	2	=58
=69	VEN	Venezuela / Βενεζουέλα	0	0	2	2	=58
=71	COL	Colombia / Κολομβία	0	0	1	1	=64
=71	ERI	Eritrea / Ερυθραία	0	0	1	1	=64
=71	MGL	Mongolia / Μογγολία	0	0	1	1	=64
=71	SYR	Syrian Arab Rep / Συρία	0	0	1	1	=64
=71	TRI	Trinidad/Tobago / Τρινιντάντ & Τομπάγκο	0	0	1	1	=64

NOC - Name of Country   **R/G** - Rank by Gold / Κατάταξη Χρυσών Μεταλλίων   **R/T** - Rank by Total / Κατάταξη στο Σύνολο

Archery
Τοξοβολία

Men's Individual Ατομικό Ανδρών			WR: 119 OR: 115 19-08-2004	
Gold Medal/Χρυσό Μετάλλιο:	GALIAZZO Marco	ITA	111
Silver Medal/Αργυρό Μετάλλιο:	YAMAMOTO Hiroshi	JPN	109
Bronze Medal/Χάλκινο Μετάλλιο:	CUDDIHY Tim	AUS	113

Men's Team Ομαδικό Ανδρών			WR: 260 OR: 258 21-08-2004	
Gold Medal/Χρυσό Μετάλλιο:	IM Dong Hyun JANG Yong Ho PARK Kyung Mo	KOR	251
Silver Medal/Αργυρό Μετάλλιο:	CHEN Szu Yuan LIU Ming Huang WANG Cheng Pang	TPE	245
Bronze Medal/Χάλκινο Μετάλλιο:	HRACHOV Dmytro RUBAN Viktor SERDYUK Oleksandr	UKR	237

Women's Individual Ατομικό Γυναικών			WR: 118 OR: 114 18-08-2004	
Gold Medal/Χρυσό Μετάλλιο:	PARK Sung Hyun	KOR	110
Silver Medal/Αργυρό Μετάλλιο:	LEE Sung Jin	KOR	108
Bronze Medal/Χάλκινο Μετάλλιο:	WILLIAMSON Alison	GBR	105

Women's Team Ομαδικό Γυναικών			WR: 258 OR: 252 20-08-2004	
Gold Medal/Χρυσό Μετάλλιο:	LEE Sung Jin PARK Sung Hyun YUN Mi Jin	KOR	241
Silver Medal/Αργυρό Μετάλλιο:	HE Ying LIN Sang ZHANG Juanjuan	CHN	240
Bronze Medal/Χάλκινο Μετάλλιο:	CHEN Li Ju WU Hui Ju YUAN Shu Chi	TPE	242

Aquatics - Diving
Υγρός Στίβος - Καταδύσεις

Men's 10m Platform Πλατφόρμα 10 μ. Ανδρών		28-08-2004
Gold Medal/Χρυσό Μετάλλιο:	HU Jia	CHN
Silver Medal/Αργυρό Μετάλλιο:	HELM Mathew	AUS
Bronze Medal/Χάλκινο Μετάλλιο:	TIAN Liang	CHN

Men's Synchronised 10m Platform Πλατφόρμα 10 μ. Συγχρονισμένης Κατάδυσης Ανδρών		14-08-2004
Gold Medal/Χρυσό Μετάλλιο:	TIAN Liang YANG Jinghui	CHN
Silver Medal/Αργυρό Μετάλλιο:	WATERFIELD Peter TAYLOR Leon	GBR
Bronze Medal/Χάλκινο Μετάλλιο:	HELM Mathew NEWBERY Robert	AUS

Men's 3m Springboard Αναπηδητήριο 3 μ. Ανδρών		24-08-2004
Gold Medal/Χρυσό Μετάλλιο:	PENG Bo	CHN
Silver Medal/Αργυρό Μετάλλιο:	DESPATIE Alexandre	CAN
Bronze Medal/Χάλκινο Μετάλλιο:	SAUTIN Dmitri	RUS

Men's Synchronised 3m Springboard Αναπηδητήριο 3 μ. Συγχρονισμένης Κατάδυσης Ανδρών		16-08-2004
Gold Medal/Χρυσό Μετάλλιο:	SIRANIDIS Nikolaos BIMIS Thomas	GRE
Silver Medal/Αργυρό Μετάλλιο:	WELS Andreas SCHELLENBERG Tobias	GER
Bronze Medal/Χάλκινο Μετάλλιο:	NEWBERY Robert BARNETT Steven	AUS

Women's 10m Platform Πλατφόρμα 10 μ. Γυναικών		22-08-2004
Gold Medal/Χρυσό Μετάλλιο:	NEWBERY Chantelle	AUS
Silver Medal/Αργυρό Μετάλλιο:	LAO Lishi	CHN
Bronze Medal/Χάλκινο Μετάλλιο:	TOURKY Loudy	AUS

Women's Synchronised 10m Platform Πλατφόρμα 10 μ. Συγχρονισμένης Κατάδυσης Γυναικών		16-08-2004
Gold Medal/Χρυσό Μετάλλιο:	LAO Lishi LI Ting	CHN
Silver Medal/Αργυρό Μετάλλιο:	GONCHAROVA Natalia KOLTUNOVA Yulia	RUS
Bronze Medal/Χάλκινο Μετάλλιο:	HARTLEY Blythe HEYMANS Emilie	CAN

Women's 3m Springboard Αναπηδητήριο 3 μ. Γυναικών		26-08-2004
Gold Medal/Χρυσό Μετάλλιο:	GUO Jingjing	CHN
Silver Medal/Αργυρό Μετάλλιο:	WU Minxia	CHN
Bronze Medal/Χάλκινο Μετάλλιο:	PAKHALINA Yulia	RUS

Women's Synchronised 3m Springboard Αναπηδητήριο 3 μ. Συγχρονισμένης Κατάδυσης Γυναικών		14-08-2004
Gold Medal/Χρυσό Μετάλλιο:	WU Minxia GUO Jingjing	CHN
Silver Medal/Αργυρό Μετάλλιο:	ILYINA Vera PAKHALINA Yulia	RUS
Bronze Medal/Χάλκινο Μετάλλιο:	LASHKO Irina NEWBERY Chantelle	AUS

Aquatics - Swimming
Υγρός Στίβος - Κολύμβηση

Women's 50m Freestyle / 50 μ. Ελεύθερο Γυναικών — 21-08-2004 — WR: 24.13 / OR: 24.13

Gold Medal/Χρυσό Μετάλλιο: de BRUIJN Inge	NED	24.58
Silver Medal/Αργυρό Μετάλλιο: METELLA Malia	FRA	24.89
Bronze Medal/Χάλκινο Μετάλλιο: LENTON Lisbeth	AUS	24.91

Women's 100m Freestyle / 100 μ. Ελεύθερο Γυναικών — 19-08-2004 — WR: 53.52 / OR: 53.52

Gold Medal/Χρυσό Μετάλλιο: HENRY Jodie	AUS	53.84
Silver Medal/Αργυρό Μετάλλιο: de BRUIJN Inge	NED	54.16
Bronze Medal/Χάλκινο Μετάλλιο: COUGHLIN Natalie	USA	54.40

Women's 200m Freestyle / 200 μ. Ελεύθερο Γυναικών — 17-08-2004 — WR: 1:56.64 / OR: 1:57.65

Gold Medal/Χρυσό Μετάλλιο: POTEC Camelia	ROM	1:58.03
Silver Medal/Αργυρό Μετάλλιο: PELLEGRINI Federica	ITA	1:58.22
Bronze Medal/Χάλκινο Μετάλλιο: FIGUES Solenne	FRA	1:58.45

Women's 400m Freestyle / 400 μ. Ελεύθερο Γυναικών — 15-08-2004 — WR: 4:03.85 / OR: 4:03.85

Gold Medal/Χρυσό Μετάλλιο: MANAUDOU Laure	FRA	4:05.34
Silver Medal/Αργυρό Μετάλλιο: JEDRZEJCZAK Otylia	POL	4:05.84
Bronze Medal/Χάλκινο Μετάλλιο: SANDENO Kaitlin	USA	4:06.19

Women's 800m Freestyle / 800 μ. Ελεύθερο Γυναικών — 20-08-2004 — WR: 8:16.22 / OR: 8:19.67

Gold Medal/Χρυσό Μετάλλιο: SHIBATA Ai	JPN	8:24.54
Silver Medal/Αργυρό Μετάλλιο: MANAUDOU Laure	FRA	8:24.96
Bronze Medal/Χάλκινο Μετάλλιο: MUNZ Diana	USA	8:26.61

Women's 100m Backstroke / 100 μ. Ύπτιο Γυναικών — 16-08-2004 — WR: 59.58 / OR: 1:00.17

Gold Medal/Χρυσό Μετάλλιο: COUGHLIN Natalie	USA	1:00.37
Silver Medal/Αργυρό Μετάλλιο: COVENTRY Kirsty	ZIM	1:00.50
Bronze Medal/Χάλκινο Μετάλλιο: MANAUDOU Laure	FRA	1:00.88

Women's 200m Backstroke / 200 μ. Ύπτιο Γυναικών — 20-08-2004 — WR: 2:06.62 / OR: 2:07.06

Gold Medal/Χρυσό Μετάλλιο: COVENTRY Kirsty	ZIM	2:09.19
Silver Medal/Αργυρό Μετάλλιο: KOMAROVA Stanislava	RUS	2:09.72
Bronze Medal/Χάλκινο Μετάλλιο: NAKAMURA Reiko	JPN	2:09.88
Bronze Medal/Χάλκινο Μετάλλιο: BUSCHSCHULTE Antje	GER	2:09.88

Women's 100m Breaststroke / 100 μ. Πρόσθιο Γυναικών — 16-08-2004 — WR: 1:06.37 / OR: 1:06.78

Gold Medal/Χρυσό Μετάλλιο: LUO Xuejuan	CHN	1:06.64
Silver Medal/Αργυρό Μετάλλιο: HANSON Brooke	AUS	1:07.15
Bronze Medal/Χάλκινο Μετάλλιο: JONES Leisel	AUS	1:07.16

Women's 200m Breaststroke / 200 μ. Πρόσθιο Γυναικών — 19-08-2004 — WR: 2:22.44 / OR: 2:24.03

Gold Medal/Χρυσό Μετάλλιο: BEARD Amanda	USA	2:23.37
Silver Medal/Αργυρό Μετάλλιο: JONES Leisel	AUS	2:23.60
Bronze Medal/Χάλκινο Μετάλλιο: POLESKA Anne	GER	2:25.82

Women's 100m Butterfly / 100 μ. Πεταλούδα Γυναικών — 15-08-2004 — WR: 56.61 / OR: 56.61

Gold Medal/Χρυσό Μετάλλιο: THOMAS Petria	AUS	57.72
Silver Medal/Αργυρό Μετάλλιο: JEDRZEJCZAK Otylia	POL	57.84
Bronze Medal/Χάλκινο Μετάλλιο: de BRUIJN Inge	NED	57.99

Women's 200m Butterfly / 200 μ. Πεταλούδα Γυναικών — 18-08-2004 — WR: 2:05.78 / OR: 2:05.88

Gold Medal/Χρυσό Μετάλλιο: JEDRZEJCZAK Otylia	POL	2:06.05
Silver Medal/Αργυρό Μετάλλιο: THOMAS Petria	AUS	2:06.36
Bronze Medal/Χάλκινο Μετάλλιο: NAKANISHI Yuko	JPN	2:08.04

Women's 200m Individual Medley / 200 μ. Ατομική Μικτή Γυναικών — 17-08-2004 — WR: 2:09.72 / OR: 2:10.68

Gold Medal/Χρυσό Μετάλλιο: KLOCHKOVA Yana	UKR	2:11.14
Silver Medal/Αργυρό Μετάλλιο: BEARD Amanda	USA	2:11.70
Bronze Medal/Χάλκινο Μετάλλιο: COVENTRY Kirsty	ZIM	2:12.72

Women's 400m Individual Medley / 400 μ. Ατομική Μικτή Γυναικών — 14-08-2004 — WR: 4:33.59 / OR: 4:33.59

Gold Medal/Χρυσό Μετάλλιο: KLOCHKOVA Yana	UKR	4:34.83
Silver Medal/Αργυρό Μετάλλιο: SANDENO Kaitlin	USA	4:34.95
Bronze Medal/Χάλκινο Μετάλλιο: BARDACH Georgina	ARG	4:37.51

Women's 4x100m Freestyle Relay / 4x100 μ. Σκυταλοδρομία Ελεύθερο Γυναικών — 14-08-2004 — WR: 3:36.00 / OR: 3:36.61

Gold Medal/Χρυσό Μετάλλιο: MILLS Alice, LENTON Lisbeth, THOMAS Petria, HENRY Jodie	AUS	3:35.94
Silver Medal/Αργυρό Μετάλλιο: JOYCE Kara Lynn, COUGHLIN Natalie, WEIR Amanda, THOMPSON Jenny	USA	3:36.39
Bronze Medal/Χάλκινο Μετάλλιο: GROOT Chantal, DEKKER Inge, VELDHUIS Marleen, de BRUIJN Inge	NED	3:37.59

Women's 4x200m Freestyle Relay / Γυναικών 4x200 μ. Σκυταλοδρομία Ελεύθερο — 18-08-2004 — WR: 7:55.47 / OR: 7:57.80

Gold Medal/Χρυσό Μετάλλιο: COUGHLIN Natalie, PIPER Carly, VOLLMER Dana, SANDENO Kaitlin	USA	7:53.42
Silver Medal/Αργυρό Μετάλλιο: ZHU Yingwen, XU Yanwei, YANG Yu, PANG Jiaying	CHN	7:55.97
Bronze Medal/Χάλκινο Μετάλλιο: van ALMSICK Franziska, DALLMANN Petra, BUSCHSCHULTE Antje, STOCKBAUER Hannah	GER	7:57.35

Women's 4x100m Medley Relay / Γυναικών 4x100 μ. Μικτή Σκυταλοδρομία — 21-08-2004 — WR: 3:58.30 / OR: 3:58.30

Gold Medal/Χρυσό Μετάλλιο: ROONEY Giaan, JONES Leisel, THOMAS Petria, HENRY Jodie	AUS	3:57.32
Silver Medal/Αργυρό Μετάλλιο: COUGHLIN Natalie, BEARD Amanda, THOMPSON Jenny, JOYCE Kara Lynn	USA	3:59.12
Bronze Medal/Χάλκινο Μετάλλιο: BUSCHSCHULTE Antje, POEWE Sarah, van ALMSICK Franziska, GOTZ Daniela	GER	4:00.72

Aquatics - Swimming
Υγρός Στίβος - Κολύμβηση

Men's 50m Freestyle			WR: 21.64	
50 μ. Ελεύθερο Ανδρών		20-08-2004	OR: 21.91	
Gold Medal/Χρυσό Μετάλλιο:	HALL Gary	USA	21.93	
Silver Medal/Αργυρό Μετάλλιο:	DRAGANJA Duje	CRO	21.94	
Bronze Medal/Χάλκινο Μετάλλιο:	SCHOEMAN Roland Mark	RSA	22.02	

Men's 100m Freestyle			WR: 47.84	
100 μ. Ελεύθερο Ανδρών		18-08-2004	OR: 47.84	
Gold Medal/Χρυσό Μετάλλιο:	van den HOOGENBAND Pieter	NED	48.17	
Silver Medal/Αργυρό Μετάλλιο:	SCHOEMAN Roland Mark	RSA	48.23	
Bronze Medal/Χάλκινο Μετάλλιο:	THORPE Ian	AUS	48.56	

Men's 200m Freestyle			WR: 1:44.06	
200 μ. Ελεύθερο Ανδρών		16-08-2004	OR: 1:45.35	
Gold Medal/Χρυσό Μετάλλιο:	THORPE Ian	AUS	1:44.71	
Silver Medal/Αργυρό Μετάλλιο:	van den HOOGENBAND Pieter	NED	1:45.23	
Bronze Medal/Χάλκινο Μετάλλιο:	PHELPS Michael	USA	1:45.32	

Men's 400m Freestyle			WR: 3:40.08	
400 μ. Ελεύθερο Ανδρών		14-08-2004	OR: 3:40.59	
Gold Medal/Χρυσό Μετάλλιο:	THORPE Ian	AUS	3:43.10	
Silver Medal/Αργυρό Μετάλλιο:	HACKETT Grant	AUS	3:43.36	
Bronze Medal/Χάλκινο Μετάλλιο:	KELLER Klete	USA	3:44.11	

Men's 1,500m Freestyle			WR: 14:34.56	
1.500 μ. Ελεύθερο Ανδρών		21-08-2004	OR: 14:43.48	
Gold Medal/Χρυσό Μετάλλιο:	HACKETT Grant	AUS	14:43.40	
Silver Medal/Αργυρό Μετάλλιο:	JENSEN Larsen	USA	14:45.29	
Bronze Medal/Χάλκινο Μετάλλιο:	DAVIES David	GBR	14:45.95	

Men's 100m Backstroke			WR: 53.60	
100 μ. Ύπτιο Ανδρών		16-08-2004	OR: 53.72	
Gold Medal/Χρυσό Μετάλλιο:	PEIRSOL Aaron	USA	54.06	
Silver Medal/Αργυρό Μετάλλιο:	ROGAN Markus	AUT	54.35	
Bronze Medal/Χάλκινο Μετάλλιο:	MORITA Tomomi	JPN	54.36	

Men's 200m Backstroke			WR: 1:54.74	
200 μ. Ύπτιο Ανδρών		19-08-2004	OR: 1:55.14	
Gold Medal/Χρυσό Μετάλλιο:	PEIRSOL Aaron	USA	1:54.95	
Silver Medal/Αργυρό Μετάλλιο:	ROGAN Markus	AUT	1:57.35	
Bronze Medal/Χάλκινο Μετάλλιο:	FLOREA Razvan	ROM	1:57.56	

Men's 100m Breaststroke			WR: 59.30	
100 μ. Πρόσθιο Ανδρών		15-08-2004	OR: 1:00.01	
Gold Medal/Χρυσό Μετάλλιο:	KITAJIMA Kosuke	JPN	1:00.08	
Silver Medal/Αργυρό Μετάλλιο:	HANSEN Brendan	USA	1:00.25	
Bronze Medal/Χάλκινο Μετάλλιο:	DUBOSCQ Hugues	FRA	1:00.88	

Men's 200m Breaststroke			WR: 2:09.04	
200 μ. Πρόσθιο Ανδρών		18-08-2004	OR: 2:10.16	
Gold Medal/Χρυσό Μετάλλιο:	KITAJIMA Kosuke	JPN	2:09.44	
Silver Medal/Αργυρό Μετάλλιο:	GYURTA Daniel	HUN	2:10.80	
Bronze Medal/Χάλκινο Μετάλλιο:	HANSEN Brendan	USA	2:10.87	

Men's 100m Butterfly			WR: 50.76	
100 μ. Πεταλούδα Ανδρών		20-08-2004	OR: 51.61	
Gold Medal/Χρυσό Μετάλλιο:	PHELPS Michael	USA	51.25	
Silver Medal/Αργυρό Μετάλλιο:	CROCKER Ian	USA	51.29	
Bronze Medal/Χάλκινο Μετάλλιο:	SERDINOV Andriy	UKR	51.36	

Men's 200m Butterfly			WR: 1:53.93	
200 μ. Πεταλούδα Ανδρών		17-08-2004	OR: 1:55.35	
Gold Medal/Χρυσό Μετάλλιο:	PHELPS Michael	USA	1:54.04	
Silver Medal/Αργυρό Μετάλλιο:	YAMAMOTO Takashi	JPN	1:54.56	
Bronze Medal/Χάλκινο Μετάλλιο:	PARRY Stephen	GBR	1:55.52	

Men's 200m Individual Medley			WR: 1:55.94	
200 μ. Ατομική Μικτή Ανδρών		19-08-2004	OR: 1:58.52	
Gold Medal/Χρυσό Μετάλλιο:	PHELPS Michael	USA	1:57.14	
Silver Medal/Αργυρό Μετάλλιο:	LOCHTE Ryan	USA	1:58.78	
Bronze Medal/Χάλκινο Μετάλλιο:	BOVELL George	TRI	1:58.80	

Men's 400m Individual Medley			WR: 4:08.41	
400 μ. Ατομική Μικτή Ανδρών		14-08-2004	OR: 4:11.76	
Gold Medal/Χρυσό Μετάλλιο:	PHELPS Michael	USA	4:08.26	
Silver Medal/Αργυρό Μετάλλιο:	VENDT Erik	USA	4:11.81	
Bronze Medal/Χάλκινο Μετάλλιο:	CSEH Laszlo	HUN	4:12.15	

Men's 4x100m Freestyle Relay			WR: 3:13.67	
4x100 μ. Σκυταλοδρομία Ελεύθερο Ανδρών		15-08-2004	OR: 3:13.67	
Gold Medal/Χρυσό Μετάλλιο:	SCHOEMAN Roland Mark	RSA	3:13.17	
	FERNS Lyndon			
	TOWNSEND Darian			
	NEETHLING Ryk			
Silver Medal/Αργυρό Μετάλλιο:	KENKHUIS Johan	NED	3:14.36	
	ZASTROW Mitja			
	ZWERING Klaas-Erik			
	van den HOOGENBAND Pieter			
Bronze Medal/Χάλκινο Μετάλλιο:	CROCKER Ian	USA	3:14.62	
	PHELPS Michael			
	WALKER Neil			
	LEZAK Jason			

Men's 4x200m Freestyle Relay			WR: 7:04.66	
4x200 μ. Σκυταλοδρομία Ελεύθερο Ανδρών		17-08-2004	OR: 7:07.05	
Gold Medal/Χρυσό Μετάλλιο:	PHELPS Michael	USA	7:07.33	
	LOCHTE Ryan			
	VANDERKAAY Peter			
	KELLER Klete			
Silver Medal/Αργυρό Μετάλλιο:	HACKETT Grant	AUS	7:07.46	
	KLIM Michael			
	SPRENGER Nicholas			
	THORPE Ian			
Bronze Medal/Χάλκινο Μετάλλιο:	BREMBILLA Emiliano	ITA	7:11.83	
	ROSOLINO Massimiliano			
	CERCATO Simone			
	MAGNINI Filippo			

Men's 4x100m Medley Relay			WR: 3:31.54	
4x100 μ. Μικτή Σκυταλοδρομία Ανδρών		21-08-2004	OR: 3:33.73	
Gold Medal/Χρυσό Μετάλλιο:	PEIRSOL Aaron	USA	3:30.68	
	HANSEN Brendan			
	CROCKER Ian			
	LEZAK Jason			
Silver Medal/Αργυρό Μετάλλιο:	DRIESEN Steffen	GER	3:33.62	
	KRUPPA Jens			
	RUPPRATH Thomas			
	CONRAD Lars			
Bronze Medal/Χάλκινο Μετάλλιο:	MORITA Tomomi	JPN	3:35.22	
	KITAJIMA Kosuke			
	YAMAMOTO Takashi			
	OKUMURA Yoshihiro			

WR - World Record / Παγκόσμιο Ρεκόρ   **OR** - Olympic Record / Ολυμπιακό Ρεκόρ

Aquatics - Synchronised Swimming
Υγρός Στίβος - Συγχρονισμένη Κολύμβηση

Women's Duet Free Routine Ελεύθερο Πρόγραμμα Ντουέτο Γυναικών		25-08-2004
Gold Medal/Χρυσό Μετάλλιο:	DAVYDOVA Anastasia ERMAKOVA Anastasia	RUS
Silver Medal/Αργυρό Μετάλλιο:	TACHIBANA Miya TAKEDA Miho	JPN
Bronze Medal/Χάλκινο Μετάλλιο:	BARTOSIK Alison KOZLOVA Anna	USA

Women's Team Event Free Routine Ελεύθερο Πρόγραμμα Ομαδικό Γυναικών		27-08-2004
Gold Medal/Χρυσό Μετάλλιο:	RUS AZAROVA Elena, BRUSNIKINA Olga, DAVYDOVA Anastasia, ERMAKOVA Anastasia, GROMOVA Maria, KHASYANOVA Elvira, KISELEVA Maria, NOVOKSHCHENOVA Olga, SHORINA Anna	
Silver Medal/Αργυρό Μετάλλιο:	JPN FUJIMARU Michiyo, HARADA Saho, KAWASHIMA Naoko, KITAO Kanako, SUZUKI Emiko, TACHIBANA Miya, TAKEDA Miho, TATSUMI Juri, YONEDA Yoko	
Bronze Medal/Χάλκινο Μετάλλιο:	USA BARTOSIK Alison, CROW Tamara, DOBRATZ Erin, JASONTEK Rebecca, KOZLOVA Anna, LOWE Sara, McFALL Lauren, NESBITT Stephanie, ZANOTTO Kendra	

Aquatics - Water Polo
Υγρός Στίβος - Υδατοσφαίριση

Men Άνδρες	
Gold Medal/Χρυσό Μετάλλιο:	HUN SZECSI Zoltan, VARGA Tamas, MADARAS Norbert, STEINMETZ Adam, KASAS Tamas, VARI Attila, KISS Gergely, BENEDEK Tibor, FODOR Rajmund, GERGELY Istvan, STEINMETZ Barnabas, MOLNAR Tamas, BIROS Peter
Silver Medal/Αργυρό Μετάλλιο:	SCG SEFIK Denis, TRBOJEVIC Petar, NIKIC Slobodan, UDOVICIC Vanja, SAVIC Dejan, IKODINOVIC Danilo, JELENIC Viktor, GOJKOVIC Vladimir, CIRIC Aleksandar, SAPIC Aleksandar, VUJASINOVIC Vladimir, JOKIC Predrag, KULJACA Nikola
Bronze Medal/Χάλκινο Μετάλλιο:	RUS MAKSIMOV Nikolay, FEDOROV Alexander, YURCHIK Vitaly, KOZLOV Nikolay, BALASHOV Roman, ERYSHOV Alexander, CHOMAKHIDZE Revaz, STRATAN Dmitry, GORSHKOV Dmitry, ZAKIROV Marat, GARBUZOV Sergey, ZINNUROV Irek, REKECHINSKY Andrey

Women Γυναίκες	
Gold Medal/Χρυσό Μετάλλιο:	ITA CONTI Francesca, MICELI Martina, ALLUCCI Carmela, BOSURGI Silvia, GIGLI Elena, ZANCHI Manuela, di MARIO Tania, RAGUSA Cinzia, MALATO Giusy, ARAUJO Alexandra, MUSUMECI Maddalena, GREGO Melania, TOTH Noemi
Silver Medal/Αργυρό Μετάλλιο:	GRE ELLINAKI Georgia, ASILIAN Dimitra, MELIDONI Antiopi, KARAPATAKI Angeliki, LIOSI Kyriaki, KOZOMPOLI Stavroula, OIKONOMOPOULOU Aikaterini, ROUMPESI Antigoni, MORAITIDOU Evangelia, KARAGIANNI Eftychia, LARA Georgia, MORAITI Antonia, MYLONAKI Anthoula
Bronze Medal/Χάλκινο Μετάλλιο:	USA FRANK Jacqueline, PETRI Heather, LORENZ Ericka, VILLA Brenda, ESTES Ellen, GOLDA Natalie, DINGELDEIN Margaret, RULON Kelly, MOODY Heather, BEAUREGARD Robin, STACHOWSKI Amber, PAYNE Nicolle, MUNRO Thalia

Athletics
Στίβος

Women's Shot Put / Σφαιροβολία Γυναικών				WR: 22.63
		18-08-2004		OR: 22.41
Gold Medal/Χρυσό Μετάλλιο:	CUMBA Yumileidi	CUB		19.59
Silver Medal/Αργυρό Μετάλλιο:	KLEINERT Nadine	GER		19.55
Bronze Medal/Χάλκινο Μετάλλιο:	KRIVELYOVA Svetlana	RUS		19.49

Men's Shot Put / Σφαιροβολία Ανδρών				WR: 23.12
		18-08-2004		OR: 22.47
Gold Medal/Χρυσό Μετάλλιο:	BILONOG Yuriy	UKR		21.16
Silver Medal/Αργυρό Μετάλλιο:	NELSON Adam	USA		21.16
Bronze Medal/Χάλκινο Μετάλλιο:	OLSEN Joachim	DEN		21.07

Men's 20km Walk / 20 χλμ. Βάδην Ανδρών				WR: 01:17:21
		20-08-2004		OR: 01:18:59
Gold Medal/Χρυσό Μετάλλιο:	BRUGNETTI Ivano	ITA		01:19:40
Silver Medal/Αργυρό Μετάλλιο:	FERNANDEZ Francisco Javier	ESP		01:19:45
Bronze Medal/Χάλκινο Μετάλλιο:	DEAKES Nathan	AUS		01:20:02

Ανδρών 10,000m / 10.000 μ. Ανδρών				WR: 26:20.31
		20-08-2004		OR: 27:07.34
Gold Medal/Χρυσό Μετάλλιο:	BEKELE Kenenisa	ETH		27:05.10
Silver Medal/Αργυρό Μετάλλιο:	SIHINE Sileshi	ETH		27:09.39
Bronze Medal/Χάλκινο Μετάλλιο:	TADESSE Zersenay	ERI		27:22.57

Women's Discus Throw / Δισκοβολία Γυναικών				WR: 76.80
		21-08-2004		OR: 72.30
Gold Medal/Χρυσό Μετάλλιο:	SADOVA Natalya	RUS		67.02
Silver Medal/Αργυρό Μετάλλιο:	KELESIDOU Anastasia	GRE		66.68
Bronze Medal/Χάλκινο Μετάλλιο:	YATCHENKO Irina	BLR		66.17

Women's 100m / 100 μ. Γυναικών				WR: 10.49
		21-08-2004		OR: 10.62
Gold Medal/Χρυσό Μετάλλιο:	NESTERENKO Yuliya	BLR		10.93
Silver Medal/Αργυρό Μετάλλιο:	WILLIAMS Lauryn	USA		10.96
Bronze Medal/Χάλκινο Μετάλλιο:	CAMPBELL Veronica	JAM		10.97

Women's Heptathlon / Έπταθλο Γυναικών				WR: 7291
		21-08-2004		OR: 7291
Gold Medal/Χρυσό Μετάλλιο:	KLUFT Carolina	SWE		6952
Silver Medal/Αργυρό Μετάλλιο:	SKUJYTE Austra	LTU		6435
Bronze Medal/Χάλκινο Μετάλλιο:	SOTHERTON Kelly	GBR		6424

Women's Marathon / Μαραθώνιος Γυναικών				WR: 02:15:25
		22-08-2004		OR: 02:23:14
Gold Medal/Χρυσό Μετάλλιο:	NOGUCHI Mizuki	JPN		02:26:20
Silver Medal/Αργυρό Μετάλλιο:	NDEREBA Catherine	KEN		02:26:32
Bronze Medal/Χάλκινο Μετάλλιο:	KASTOR Deena	USA		02:27:20

Men's High Jump / Άλμα εις Ύψος Ανδρών				WR: 2.45
		22-08-2004		OR: 2.39
Gold Medal/Χρυσό Μετάλλιο:	HOLM Stefan	SWE		2.36
Silver Medal/Αργυρό Μετάλλιο:	HEMINGWAY Matt	USA		2.34
Bronze Medal/Χάλκινο Μετάλλιο:	BABA Jaroslav	CZE		2.34

Men's Triple Jump / Άλμα Τριπλούν Ανδρών				WR: 18.29
		22-08-2004		OR: 18.09
Gold Medal/Χρυσό Μετάλλιο:	OLSSON Christian	SWE		17.79
Silver Medal/Αργυρό Μετάλλιο:	OPREA Marian	ROM		17.55
Bronze Medal/Χάλκινο Μετάλλιο:	BURKENYA Danila	RUS		17.48

Men's Wheelchair 1,500m / 1.500 μ. με Αμαξίδιο Ανδρών				WR: 2:56.61
		22-08-2004		OR: 3:06.75
Gold Medal/Χρυσό Μετάλλιο:	FIGL Robert	GER		3:10.91
Silver Medal/Αργυρό Μετάλλιο:	MENDOZA Saul	MEX		3:11.35
Bronze Medal/Χάλκινο Μετάλλιο:	TANA Rawat	THA		3:11.48

Women's Wheelchair 800m / 800 μ. με Αμαξίδιο Γυναικών				WR: 01:48.33
		22-08-2004		OR: 01:54.90
Gold Medal/Χρυσό Μετάλλιο:	PETITCLERC Chantal	CAN		01:53.66
Silver Medal/Αργυρό Μετάλλιο:	STANKOVICH Eliza	AUS		01:53.84
Bronze Medal/Χάλκινο Μετάλλιο:	SAUVAGE Louise	AUS		01:53.92

Men's Hammer Throw / Σφυροβολία Ανδρών				WR: 86.74
		22-08-2004		OR: 84.80
Gold Medal/Χρυσό Μετάλλιο:	MUROFUSHI Koji	JPN		82.91
Silver Medal/Αργυρό Μετάλλιο:	TIKHON Ivan	BLR		79.81
Bronze Medal/Χάλκινο Μετάλλιο:	APAK Esref	TUR		79.51

Men's 100m / 100 μ. Ανδρών				WR: 9.78
		22-08-2004		OR: 9.84
Gold Medal/Χρυσό Μετάλλιο:	GATLIN Justin	USA		9.85
Silver Medal/Αργυρό Μετάλλιο:	OBIKWELU Francis	POR		9.86
Bronze Medal/Χάλκινο Μετάλλιο:	GREENE Maurice	USA		9.87

Women's 20km Walk / 20 χλμ. Βάδην Γυναικών				WR: 01:26:22
		23-08-2004		OR: 01:29:05
Gold Medal/Χρυσό Μετάλλιο:	TSOUMELEKA Athanasia	GRE		01:29:12
Silver Medal/Αργυρό Μετάλλιο:	IVANOVA Olimpiada	RUS		01:29:16
Bronze Medal/Χάλκινο Μετάλλιο:	SAVILLE Jane	AUS		01:29:25

Women's Triple Jump / Άλμα Τριπλούν Γυναικών				WR: 15.50
		23-08-2004		OR: 15.33
Gold Medal/Χρυσό Μετάλλιο:	MBANGO ETONE Francoise	CMR		15.30
Silver Medal/Αργυρό Μετάλλιο:	DEVETZI Hrysopiyi	GRE		15.25
Bronze Medal/Χάλκινο Μετάλλιο:	LEBEDEVA Tatyana	RUS		15.14

Men's Discus Throw / Δισκοβολία Ανδρών				WR: 74.08
		23-08-2004		OR: 69.40
Gold Medal/Χρυσό Μετάλλιο:	ALEKNA Virgilijus	LTU		69.89
Silver Medal/Αργυρό Μετάλλιο:	KOVAGO Zoltan	HUN		67.04
Bronze Medal/Χάλκινο Μετάλλιο:	TAMMERT Aleksander	EST		66.66

Women's 800m / 800 μ. Γυναικών				WR: 1:53.28
		23-08-2004		OR: 1:53.43
Gold Medal/Χρυσό Μετάλλιο:	HOLMES Kelly	GBR		1:56.38
Silver Medal/Αργυρό Μετάλλιο:	BENHASSI Hasna	MAR		1:56.43
Bronze Medal/Χάλκινο Μετάλλιο:	CEPLAK Jolanda	SLO		1:56.43

Men's 400m / 400 μ. Ανδρών				WR: 43.18
		23-08-2004		OR: 43.49
Gold Medal/Χρυσό Μετάλλιο:	WARINER Jeremy	USA		44.00
Silver Medal/Αργυρό Μετάλλιο:	HARRIS Otis	USA		44.16
Bronze Medal/Χάλκινο Μετάλλιο:	BREW Derrick	USA		44.42

Women's 5,000m / 5.000 μ. Γυναικών				WR: 14:24.68
		23-08-2004		OR: 14:40.79
Gold Medal/Χρυσό Μετάλλιο:	DEFAR Meseret	ETH		14:45.65
Silver Medal/Αργυρό Μετάλλιο:	OCHICHI Isabella	KEN		14:48.19
Bronze Medal/Χάλκινο Μετάλλιο:	DIBABA Tirunesh	ETH		14:51.83

Men's Decathlon / Δέκαθλο Ανδρών				WR: 9026
		23-08-2004		OR: 8847
Gold Medal/Χρυσό Μετάλλιο:	SEBRLE Roman	CZE		8893
Silver Medal/Αργυρό Μετάλλιο:	CLAY Bryan	USA		8820
Bronze Medal/Χάλκινο Μετάλλιο:	KARPOV Dmitriy	KAZ		8725

Women's Pole Vault / Άλμα επί Κοντώ Γυναικών				WR: 4.90
		24-08-2004		OR: 4.60
Gold Medal/Χρυσό Μετάλλιο:	ISINBAYEVA Yelena	RUS		4.91
Silver Medal/Αργυρό Μετάλλιο:	FEOFANOVA Svetlana	RUS		4.75
Bronze Medal/Χάλκινο Μετάλλιο:	ROGOWSKA Anna	POL		4.70

WR - World Record / Παγκόσμιο Ρεκόρ   **OR** - Olympic Record / Ολυμπιακό Ρεκόρ

Men's 3,000m Steeplechase / 3.000 μ. Φυσικά Εμπόδια Ανδρών

			WR: 7:55.28
24-08-2004			OR: 8:05.51
Gold Medal/Χρυσό Μετάλλιο:	KEMBOI Ezekiel	KEN	8:05.81
Silver Medal/Αργυρό Μετάλλιο:	KIPRUTO Brimin	KEN	8:06.11
Bronze Medal/Χάλκινο Μετάλλιο:	KOECH Paul Kipsiele	KEN	8:06.64

Women's 100m Hurdles / 100 μ. Εμπόδια Γυναικών

			WR: 12.21
24-08-2004			OR: 12.38
Gold Medal/Χρυσό Μετάλλιο:	HAYES Joanna	USA	12.37
Silver Medal/Αργυρό Μετάλλιο:	KRASOVSKA Olena	UKR	12.45
Bronze Medal/Χάλκινο Μετάλλιο:	MORRISON Melissa	USA	12.56

Women's 400m / 400 μ. Γυναικών

			WR: 47.60
24-08-2004			OR: 48.25
Gold Medal/Χρυσό Μετάλλιο:	WILLIAMS-DARLING Tonique	BAH	49.41
Silver Medal/Αργυρό Μετάλλιο:	GUEVARA Ana	MEX	49.56
Bronze Medal/Χάλκινο Μετάλλιο:	ANTYUKH Natalya	RUS	49.89

Men's 1,500m / 1.500 μ. Ανδρών

			WR: 3:26.00
24-08-2004			OR: 3:32.07
Gold Medal/Χρυσό Μετάλλιο:	EL GUERROUJ Hicham	MAR	3:34.18
Silver Medal/Αργυρό Μετάλλιο:	LAGAT Bernard	KEN	3:34.30
Bronze Medal/Χάλκινο Μετάλλιο:	SILVA Rui	POR	3:34.68

Women's 400m Hurdles / 400 μ. Εμπόδια Γυναικών

			WR: 52.34
25-08-2004			OR: 52.77
Gold Medal/Χρυσό Μετάλλιο:	HALKIA Fani	GRE	52.82
Silver Medal/Αργυρό Μετάλλιο:	TIRLEA-MANOLACHE Ionela	ROM	53.38
Bronze Medal/Χάλκινο Μετάλλιο:	TERESHCHUK-ANTIPOVA Tetiana	UKR	53.44

Women's Hammer Throw / Σφυροβολία Γυναικών

			WR: 76.07
25-08-2004			OR: 73.71
Gold Medal/Χρυσό Μετάλλιο:	KUZENKOVA Olga	RUS	75.02
Silver Medal/Αργυρό Μετάλλιο:	MORENO Yipsi	CUB	73.36
Bronze Medal/Χάλκινο Μετάλλιο:	CRAWFORD Yunaika	CUB	73.16

Women's 200m / 200 μ. Γυναικών

			WR: 21.34
25-08-2004			OR: 21.34
Gold Medal/Χρυσό Μετάλλιο:	CAMPBELL Veronica	JAM	22.05
Silver Medal/Αργυρό Μετάλλιο:	FELIX Allyson	USA	22.18
Bronze Medal/Χάλκινο Μετάλλιο:	FERGUSON Debbie	BAH	22.30

Men's Long Jump / Άλμα εις Μήκος Ανδρών

			WR: 8.95
26-08-2004			OR: 8.90
Gold Medal/Χρυσό Μετάλλιο:	PHILLIPS Dwight	USA	8.59
Silver Medal/Αργυρό Μετάλλιο:	MOFFITT John	USA	8.47
Bronze Medal/Χάλκινο Μετάλλιο:	MARTINEZ Joan Lino	ESP	8.32

Men's 400m Hurdles / 400 μ. Εμπόδια Ανδρών

			WR: 46.78
26-08-2004			OR: 46.78
Gold Medal/Χρυσό Μετάλλιο:	SANCHEZ Felix	DOM	47.63
Silver Medal/Αργυρό Μετάλλιο:	McFARLANE Danny	JAM	48.11
Bronze Medal/Χάλκινο Μετάλλιο:	KEITA Naman	FRA	48.26

Men's 200m / 200 μ. Ανδρών

			WR: 19.32
26-08-2004			OR: 19.32
Gold Medal/Χρυσό Μετάλλιο:	CRAWFORD Shawn	USA	19.79
Silver Medal/Αργυρό Μετάλλιο:	WILLIAMS Bernard	USA	20.01
Bronze Medal/Χάλκινο Μετάλλιο:	GATLIN Justin	USA	20.03

Men's 50km Walk / 50 χλμ. Βάδην Ανδρών

			WR: 03:35:29
27-08-2004			OR: 03:38:29
Gold Medal/Χρυσό Μετάλλιο:	KORZENIOWSKI Robert	POL	03:38:46
Silver Medal/Αργυρό Μετάλλιο:	NIZHEGORODOV Denis	RUS	03:42:50
Bronze Medal/Χάλκινο Μετάλλιο:	VOYEVODIN Aleksey	RUS	03:43:34

Men's Pole Vault / Επί Κοντώ Ανδρών

			WR: 6.14
27-08-2004			OR: 5.92
Gold Medal/Χρυσό Μετάλλιο:	MACK Timothy	USA	5.95
Silver Medal/Αργυρό Μετάλλιο:	STEVENSON Toby	USA	5.90
Bronze Medal/Χάλκινο Μετάλλιο:	GIBILISCO Giuseppe	ITA	5.85

Women's Long Jump / Μήκος Γυναικών

			WR: 7.52
27-08-2004			OR: 7.40
Gold Medal/Χρυσό Μετάλλιο:	LEBEDEVA Tatyana	RUS	7.07
Silver Medal/Αργυρό Μετάλλιο:	SIMAGINA Irina	RUS	7.05
Bronze Medal/Χάλκινο Μετάλλιο:	KOTOVA Tatyana	RUS	7.05

Women's Javelin Throw / Ακοντισμός Γυναικών

			WR: 71.54
27-08-2004			OR: 68.91
Gold Medal/Χρυσό Μετάλλιο:	MENENDEZ Osleidys	CUB	71.53
Silver Medal/Αργυρό Μετάλλιο:	NERIUS Steffi	GER	65.82
Bronze Medal/Χάλκινο Μετάλλιο:	MANJANI Mirela	GRE	64.29

Men's 110m Hurdles / 110 μ. Εμπόδια Ανδρών

			WR: 12.91
27-08-2004			OR: 12.95
Gold Medal/Χρυσό Μετάλλιο:	LIU Xiang	CHN	12.91
Silver Medal/Αργυρό Μετάλλιο:	TRAMMELL Terrence	USA	13.18
Bronze Medal/Χάλκινο Μετάλλιο:	GARCIA Anier	CUB	13.20

Women's 10,000m / 10.000 μ. Γυναικών

			WR: 29:31.78
27-08-2004			OR: 30:17.49
Gold Medal/Χρυσό Μετάλλιο:	XING Huina	CHN	30:24.36
Silver Medal/Αργυρό Μετάλλιο:	DIBABA Ejegayehu	ETH	30:24.98
Bronze Medal/Χάλκινο Μετάλλιο:	TULU Derartu	ETH	30:26.42

Women's 4x100m Relay / Σκυταλοδρομία 4x100 μ. Γυναικών

			WR: 41.37
27-08-2004			OR: 41.60
Gold Medal/Χρυσό Μετάλλιο:	LAWRENCE Tayna SIMPSON Sherone BAILEY Aleen CAMPBELL Veronica	JAM	41.73
Silver Medal/Αργυρό Μετάλλιο:	FYODOROVA Olga TABAKOVA Yuliya KHABAROVA Irina KRUGLOVA Larisa	RUS	42.27
Bronze Medal/Χάλκινο Μετάλλιο:	MANG Veronique HURTIS Muriel FELIX Sylviane ARRON Christine	FRA	42.54

Women's High Jump / Ύψος Γυναικών

			WR: 2.09
28-08-2004			OR: 2.05
Gold Medal/Χρυσό Μετάλλιο:	SLESARENKO Yelena	RUS	2.06
Silver Medal/Αργυρό Μετάλλιο:	CLOETE Hestrie	RSA	2.02
Bronze Medal/Χάλκινο Μετάλλιο:	STYOPINA Viktoriya	UKR	2.02

Women's 1,500m / 1.500 μ. Γυναικών

			WR: 3:50:46
28-08-2004			OR: 3:53:96
Gold Medal/Χρυσό Μετάλλιο:	HOLMES Kelly	GBR	3:57.90
Silver Medal/Αργυρό Μετάλλιο:	TOMASHOVA Tatyana	RUS	3:58.12
Bronze Medal/Χάλκινο Μετάλλιο:	CIONCAN Maria	ROM	3:58.39

Men's Javelin Throw / Ακοντισμός Ανδρών

			WR: 98.48
28-08-2004			OR: 90.17
Gold Medal/Χρυσό Μετάλλιο:	THORKILDSEN Andreas	NOR	86.50
Silver Medal/Αργυρό Μετάλλιο:	VASILEVSKIS Vadims	LAT	84.95
Bronze Medal/Χάλκινο Μετάλλιο:	MAKAROV Sergey	RUS	84.84

Athletics
Στίβος

Badminton
Αντιπτέριση

Men's 800m 800 μ. Ανδρών		28-08-2004	WR: 1:41.11 OR: 1:42.58
Gold Medal/Χρυσό Μετάλλιο:	BORZAKOVSKIY Yuriy	RUS	1:44.45
Silver Medal/Αργυρό Μετάλλιο:	MULAUDZI Mbulaeni	RSA	1:44.61
Bronze Medal/Χάλκινο Μετάλλιο:	KIPKETER Wilson	DEN	1:44.65

Men's 5,000m 5.000 μ. Ανδρών		28-08-2004	WR: 12:37.35 OR: 13:05.59
Gold Medal/Χρυσό Μετάλλιο:	EL GUERROUJ Hicham	MAR	13:14.39
Silver Medal/Αργυρό Μετάλλιο:	BEKELE Kenenisa	ETH	13:14.59
Bronze Medal/Χάλκινο Μετάλλιο:	KIPCHOGE Eliud	KEN	13:15.10

Men's 4x100m Relay Σκυταλοδρομία 4x100 μ. Ανδρών		28-08-2004	WR: 37.40 OR: 37.40
Gold Medal/Χρυσό Μετάλλιο:	GARDENER Jason CAMPBELL Darren DEVONISH Marlon LEWIS-FRANCIS Mark	GBR	38.07
Silver Medal/Αργυρό Μετάλλιο:	CRAWFORD Shawn GATLIN Justin MILLER Coby GREENE Maurice	USA	38.08
Bronze Medal/Χάλκινο Μετάλλιο:	FASUBA Olusoji A. EMEDOLU Uchenna EGBELE Aaron ALIU Deji	NGR	38.23

Women's 4x400m Relay Σκυταλοδρομία 4x400 μ. Γυναικών		28-08-2004	WR: 3:15.17 OR: 3:15.17
Gold Medal/Χρυσό Μετάλλιο:	TROTTER DeeDee HENDERSON Monique RICHARDS Sanya HENNAGAN Monique	USA	3:19.01
Silver Medal/Αργυρό Μετάλλιο:	KRASNOMOVETS Olesya NAZAROVA Natalya ZYKINA Olesya ANTYUKH Natalya	RUS	3:20.16
Bronze Medal/Χάλκινο Μετάλλιο:	WILLIAMS Novlene BURGHER Michelle DAVY Nadia RICHARDS Sandie	JAM	3:22.00

Men's 4x400m Relay Σκυταλοδρομία 4x400 μ. Ανδρών		28-08-2004	WR: 2:54.20 OR: 2:55.74
Gold Medal/Χρυσό Μετάλλιο:	HARRIS Otis BREW Derrick WARINER Jeremy WILLIAMSON Darold	USA	2:55.91
Silver Medal/Αργυρό Μετάλλιο:	STEFFENSEN John ORMROD Mark DWYER Patrick HILL Clinton	AUS	3:00.60
Bronze Medal/Χάλκινο Μετάλλιο:	GODDAY James AUDU Musa WEIGOPWA Saul UDO OBONG Enefiok	NGR	3:00.90

Men's Marathon Μαραθώνιος Ανδρών		29-08-2004	WR: 2:04:55 OR: 2:09:21
Gold Medal/Χρυσό Μετάλλιο:	BALDINI Stefano	ITA	2:10:55
Silver Medal/Αργυρό Μετάλλιο:	KEFLEZIGHI Mebrahtom	USA	2:11:29
Bronze Medal/Χάλκινο Μετάλλιο:	LIMA Vanderlei	BRA	2:12:11

Men's Singles Απλό Ανδρών		21-08-2004
Gold Medal/Χρυσό Μετάλλιο:	HIDAYAT Taufik	INA
Silver Medal/Αργυρό Μετάλλιο:	SHON Seung Mo	KOR
Bronze Medal/Χάλκινο Μετάλλιο:	KUNCORO Soni Dwi	INA

Men's Doubles Διπλό Ανδρών		20-08-2004
Gold Medal/Χρυσό Μετάλλιο:	HA Tae Kwon KIM Dong Moon	KOR
Silver Medal/Αργυρό Μετάλλιο:	LEE Dong Soo YOO Yong Sung	KOR
Bronze Medal/Χάλκινο Μετάλλιο:	HIAN Eng LIMPELE Flandy	INA

Women's Singles Απλό Γυναικών		19-08-2004
Gold Medal/Χρυσό Μετάλλιο:	ZHANG Ning	CHN
Silver Medal/Αργυρό Μετάλλιο:	AUDINA Mia	NED
Bronze Medal/Χάλκινο Μετάλλιο:	ZHOU Mi	CHN

Women's Doubles Διπλό Γυναικών		21-08-2004
Gold Medal/Χρυσό Μετάλλιο:	YANG Wei ZHANG Jiewen	CHN
Silver Medal/Αργυρό Μετάλλιο:	GAO Ling HUANG Sui	CHN
Bronze Medal/Χάλκινο Μετάλλιο:	LEE Kyung Won RA Kyung Min	KOR

Mixed Doubles Διπλό Μικτό		19-08-2004
Gold Medal/Χρυσό Μετάλλιο:	GAO Ling ZHANG Jun	CHN
Silver Medal/Αργυρό Μετάλλιο:	EMMS Gail ROBERTSON Nathan	GBR
Bronze Medal/Χάλκινο Μετάλλιο:	ERIKSEN Jens SCHJOLDAGER Mette	DEN

WR - World Record / Παγκόσμιο Ρεκόρ   **OR** - Olympic Record / Ολυμπιακό Ρεκόρ

 **Baseball**
Μπέιζμπολ

 **Basketball**
Καλαθοσφαίριση

Men Άνδρες	
Gold Medal/Χρυσό Μετάλλιο:	CUB BETANCOURT Danny, BORROTO Luis, CEPEDA Frederich, CHARLES Yorelvis, ENRIQUEZ Michel, GONZALEZ Norberto, GOURRIEL Yulieski, LAZO Pedro Luis, MACHADO Roger, MARTINEZ Jonder, MIRANDA Danny, MONTIETH Frank, ODELIN Vicyohandri, PALMA Adiel, PARET Eduardo, PESTANO Ariel, RAMIREZ Alexei, SANCHEZ Eriel, SCULL Antonio, TABARES Carlos, URGELLES Yoandri, URRUTIA Osmani, VEGA Manuel, VERA Norge Luis
Silver Medal/Αργυρό Μετάλλιο:	AUS ANDERSON Craig, BRICE Thomas, BURNSIDE Adrian, FINGLESON Gavin, GONZALEZ Paul, KIMPTON Nick, KINGMAN Brendan, LEWIS Craig, LLOYD Graeme, NILSSON David, OELTJEN Trent, OUGH Wayne, OXSPRING Chris, RONEBERG Brett, ROWLAND SMITH Ryan, STEPHENS John, STOCKMAN Phil, TAMBURRINO Brett, THOMPSON Richard, UTTING Andrew, van BUIZEN Rodney, WIGMORE Ben, WILLIAMS Glenn, WILLIAMS Jeff
Bronze Medal/Χάλκινο Μετάλλιο:	JPN AIKAWA Ryoji, ANDO Yuya, FUJIMOTO Atsushi, FUKUDOME Kosuke, ISHII Hirotoshi, IWAKUMA Hisashi, IWASE Hitoki, JOJIMA Kenji, KANEKO Makoto, KIMURA Takuya, KOBAYASHI Masahide, KURODA Hiroki, MATSUZAKA Daisuke, MIURA Daisuke, MIYAMOTO Shinya, MURAMATSU Arihito, NAKAMURA Norihiro, OGASAWARA Michihiro, SHIMIZU Naoyuki, TAKAHASHI Yoshinobu, TANI Yoshitomo, UEHARA Koji, WADA Kazuhiro, WADA Tsuyoshi

Men Άνδρες	
Gold Medal/Χρυσό Μετάλλιο:	ARG SANCHEZ Juan Ignacio, GINOBILI Emanuel David, MONTECCHIA Alejandro Ariel, OBERTO Fabricio, HERRMANN Walter, FERNANDEZ Gabriel Diego, SCONOCHINI Hugo Ariel, SCOLA Luis Alberto, GUTIERREZ Leonardo Martin, NOCIONI Andres, DELFINO Carlos Francisco, WOLKOWYSKI Ruben
Silver Medal/Αργυρό Μετάλλιο:	ITA RADULOVIC Nikola, BASILE Gianluca, GALANDA Giacomo, SORAGNA Matteo, MARCONATO Denis, POZZECCO Gianmarco, RIGHETTI Alex, ROMBALDONI Rodolfo, BULLERI Massimo, MIAN Michele, CHIACIG Roberto, GARRI Luca
Bronze Medal/Χάλκινο Μετάλλιο:	USA IVERSON Allen, MARBURY Stephon, WADE JR Dwyane, BOOZER Carlos, ANTHONY Carmelo, JAMES Lebron, OKAFOR Emeka, MARION Shawn, STOUDEMIRE Amare, DUNCAN Timothy, ODOM Lamar, JEFFERSON Richard

Women Γυναίκες	
Gold Medal/Χρυσό Μετάλλιο:	USA JOHNSON Shannon, STALEY Dawn, BIRD Suzanne, SWOOPES Sheryl, RILEY Ruth, LESLIE Lisa, CATCHINGS Tamika, THOMPSON Tina, TAURASI Diana, GRIFFITH Yolanda, SMITH Katie, CASH Swintayla
Silver Medal/Αργυρό Μετάλλιο:	AUS POTO Alicia, TRANQUILLI Allison, BRONDELLO Sandra, TAYLOR Penny, BATKOVIC Suzy, FALLON Trish, HARROWER Kristi, SUMMERTON Laura, SNELL Belinda, PORTER Natalie, SPORN Rachael, JACKSON Lauren
Bronze Medal/Χάλκινο Μετάλλιο:	RUS ARTESHINA Olga, RAKHMATULINA Oxana, VODOPYANOVA Natalia, GUSTILINA Diana, BARANOVA Elena, SHCHEGOLEVA Tatiana, KORSTIN Ilona, STEPANOVA Maria, KALMYKOVA Maria, KARPOVA Elena, OSIPOVA Irina, ARKHIPOVA Anna

Cycling Mountain Bike
Ορεινή Ποδηλασία

Men's Mountain Bike Ορεινή Ποδηλασία Ανδρών		28-08-2004	
Gold Medal/Χρυσό Μετάλλιο:	ABSALON Julien	FRA	02:15:02
Silver Medal/Αργυρό Μετάλλιο:	HERMIDA Jose Antonio	ESP	02:16:02
Bronze Medal/Χάλκινο Μετάλλιο:	BRENTJENS Bart	NED	02:17:05

Women's Mountain Bike Ορεινή Ποδηλασία Γυναικών		27-08-2004	
Gold Medal/Χρυσό Μετάλλιο:	DAHLE Gunn-Rita	NOR	01:56:51
Silver Medal/Αργυρό Μετάλλιο:	PREMONT Marie-Helene	CAN	01:57:50
Bronze Medal/Χάλκινο Μετάλλιο:	SPITZ Sabine	GER	01:59:21

Cycling Road
Ποδηλασία Δρόμου

Men's Road Race Αγώνας Δρόμου Ανδρών		14-08-2004	
Gold Medal/Χρυσό Μετάλλιο:	BETTINI Paolo	ITA	05:41:44
Silver Medal/Αργυρό Μετάλλιο:	PAULINHO Sergio	POR	05:41:45
Bronze Medal/Χάλκινο Μετάλλιο:	MERCKX Axel	BEL	05:41:52

Men's Time Trial Αγώνας Ατομικής Χρονομέτρησης Ανδρών		18-08-2004	
Gold Medal/Χρυσό Μετάλλιο:	HAMILTON Tyler	USA	57:31.74
Silver Medal/Αργυρό Μετάλλιο:	EKIMOV Viatcheslav	RUS	57:50.58
Bronze Medal/Χάλκινο Μετάλλιο:	JULICH Bobby	USA	57:58.19

Women's Road Race Αγώνας Δρόμου Γυναικών		15-08-2004	
Gold Medal/Χρυσό Μετάλλιο:	CARRIGAN Sara	AUS	03:24:24
Silver Medal/Αργυρό Μετάλλιο:	ARNDT Judith	GER	03:24:31
Bronze Medal/Χάλκινο Μετάλλιο:	SLYUSAREVA Olga	RUS	03:25:03

Women's Time Trial Αγώνας Ατομικής Χρονομέτρησης Γυναικών		18-08-2004	
Gold Medal/Χρυσό Μετάλλιο:	ZIJLAARD-van MOORSEL Leontien	NED	31:11.53
Silver Medal/Αργυρό Μετάλλιο:	DEMET-BARRY Deirdre	USA	31:35.62
Bronze Medal/Χάλκινο Μετάλλιο:	THUERIG Karin	SUI	31:54.89

Cycling Track
Ποδηλασία Πίστας

Women's 500 m Time Trial 500 μ. Ατομική Χρονομέτρηση Γυναικών		20-08-2004	WR: 34.000 OR: 34.140
Gold Medal/Χρυσό Μετάλλιο:	MEARES Anna	AUS	33.952
Silver Medal/Αργυρό Μετάλλιο:	JIANG Yonghua	CHN	34.112
Bronze Medal/Χάλκινο Μετάλλιο:	TSYLINSKAYA Natallia	BLR	34.167

Women's Points Race Αγώνας Πόντων Γυναικών		25-08-2004	Total Points Βαθμοί Γύρου
Gold Medal/Χρυσό Μετάλλιο:	SLYUSAREVA Olga	RUS	20
Silver Medal/Αργυρό Μετάλλιο:	GUERRERO MENDEZ Belem	MEX	14
Bronze Medal/Χάλκινο Μετάλλιο:	CALLE WILLIAMS Maria Luisa	COL	12

Women's Sprint Αγώνας Ταχύτητας / Σπριντ Γυναικών		24-08-2004	
Gold Medal/Χρυσό Μετάλλιο:	MUENZER Lori-Ann		CAN
Silver Medal/Αργυρό Μετάλλιο:	ABASSOVA Tamilla		RUS
Bronze Medal/Χάλκινο Μετάλλιο:	MEARES Anna		AUS

Women's Individual Pursuit Ατομική Καταδίωξη Γυναικών		22-08-2004	WR: 3:26.400 OR: 3:26.400
Gold Medal/Χρυσό Μετάλλιο:	ULMER Sarah	NZL	3:24.537
Silver Medal/Αργυρό Μετάλλιο:	MACTIER Katie	AUS	3:27.650
Bronze Medal/Χάλκινο Μετάλλιο:	ZIJLAARD-van MOORSEL Leontien	NED	3:27.037

Men's 1 Km Time Trial 1 Κm Ατομική Χρονομέτρηση Ανδρών		20-08-2004	WR: 58.875 OR: 1:01.609
Gold Medal/Χρυσό Μετάλλιο:	HOY Chris	GBR	1:00.711
Silver Medal/Αργυρό Μετάλλιο:	TOURNANT Arnaud	FRA	1:00.896
Bronze Medal/Χάλκινο Μετάλλιο:	NIMKE Stefan	GER	1:01.186

Men's Points Race Αγώνας Πόντων Ανδρών		24-08-2004	Total Points Βαθμοί Γύρου
Gold Medal/Χρυσό Μετάλλιο:	IGNATYEV Mikhail	RUS	93
Silver Medal/Αργυρό Μετάλλιο:	LLANERAS Joan	ESP	82
Bronze Medal/Χάλκινο Μετάλλιο:	FULST Guido	GER	79

Men's Sprint Αγώνας Ταχύτητας / Σπριντ Ανδρών		24-08-2004	
Gold Medal/Χρυσό Μετάλλιο:	BAYLEY Ryan		AUS
Silver Medal/Αργυρό Μετάλλιο:	BOS Theo		NED
Bronze Medal/Χάλκινο Μετάλλιο:	WOLFF Rene		GER

Men's Individual Pursuit Ατομική Καταδίωξη Ανδρών		21-08-2004	WR: 4:11.114 OR: 4:15.165
Gold Medal/Χρυσό Μετάλλιο:	WIGGINS Bradley	GBR	4:16.304
Silver Medal/Αργυρό Μετάλλιο:	McGEE Brad	AUS	4:20.436
Bronze Medal/Χάλκινο Μετάλλιο:	ESCOBAR Sergi	ESP	4:17.947

WR - World Record / Παγκόσμιο Ρεκόρ   **OR** - Olympic Record / Ολυμπιακό Ρεκόρ

Men's Team Pursuit / Ομαδική Καταδίωξη Ανδρών		23-08-2004	WR: 3:56.610 OR: 3:56.610
Gold Medal/Χρυσό Μετάλλιο:	BROWN Graeme LANCASTER Brett McGEE Brad ROBERTS Luke	AUS	3:58.233
Silver Medal/Αργυρό Μετάλλιο:	CUMMINGS Steve HAYLES Rob MANNING Paul WIGGINS Bradley	GBR	4:01.760
Bronze Medal/Χάλκινο Μετάλλιο:	CASTANO Carlos ESCOBAR Sergi MAEZTU Asier TORRENT Carlos	ESP	4:05.523

Men's Keirin / Κέριν Ανδρών		25-08-2004
Gold Medal/Χρυσό Μετάλλιο:	BAYLEY Ryan	AUS
Silver Medal/Αργυρό Μετάλλιο:	ESCUREDO Jose	ESP
Bronze Medal/Χάλκινο Μετάλλιο:	KELLY Shane	AUS

Men's Team Sprint / Ομαδικό Σπριντ Ανδρών		21-08-2004	
Gold Medal/Χρυσό Μετάλλιο:	FIEDLER Jens NIMKE Stefan WOLFF Rene	GER	43.980
Silver Medal/Αργυρό Μετάλλιο:	FUSHIMI Toshiaki INOUE Masaki NAGATSUKA Tomohiro	JPN	44.246
Bronze Medal/Χάλκινο Μετάλλιο:	BOURGAIN Mickael GANE Laurent TOURNANT Arnaud	FRA	44.359

Men's Madison / Μάντισον Ανδρών		25-08-2004	Points / Βαθμοί
Gold Medal/Χρυσό Μετάλλιο:	BROWN Graeme O'GRADY Stuart	AUS	22
Silver Medal/Αργυρό Μετάλλιο:	MARVULLI Franco RISI Bruno	SUI	15
Bronze Medal/Χάλκινο Μετάλλιο:	HAYLES Rob WIGGINS Bradley	GBR	12

Equestrian
Ιππασία

Individual Eventing / Ατομικό Ιππικό Τρίαθλο	Rider / Αναβάτης	Horse / Άλογο	18-08-2004
Gold Medal/Χρυσό Μετάλλιο:	LAW Leslie	SHEAR L' EAU	GBR
Silver Medal/Αργυρό Μετάλλιο:	SEVERSON Kimberly	WINSOME ADANTE	USA
Bronze Medal/Χάλκινο Μετάλλιο:	FUNNELL Philippa	PRIMMORE'S PRIDE	GBR

Team Eventing / Ομαδικό Ιππικό Τρίαθλο	Rider / Αναβάτης	Horse / Άλογο	18-08-2004
Gold Medal/Χρυσό Μετάλλιο:	BOITEAU Arnaud COURREGES Didier LYARD Cedric TEULERE Jean TOUZAINT Nicolas	EXPO DU MOULIN DEBAT D'ESTRUVAL FINE MERVEILLE ESPOIR DE LA MARE GALAN DE SAUVAGERE	FRA
Silver Medal/Αργυρό Μετάλλιο:	BRAKEWELL Jeanette FOX-PITT William FUNNELL Philippa KING Mary LAW Leslie	OVER TO YOU TAMARILLO PRIMMORE'S PRIDE KING SOLOMON III SHEAR L' EAU	GBR
Bronze Medal/Χάλκινο Μετάλλιο:	CHIACCHIA Darren RICHARDS Julie SEVERSON Kimberly TRYON Amy WILLIAMS John	WINDFALL 2 JACOB TWO TWO WINSOME ADANTE POGGIO II CARRICK	USA

Individual Dressage / Ατομική Ιππική Δεξιοτεχνία	Rider / Αναβάτης	Horse / Άλογο	25-08-2004
Gold Medal/Χρυσό Μετάλλιο:	van GRUNSVEN Anky	SALINERO	NED
Silver Medal/Αργυρό Μετάλλιο:	SALZGEBER Ulla	RUSTY	GER
Bronze Medal/Χάλκινο Μετάλλιο:	FERRER-SALAT Beatriz	BEAUVALAIS	ESP

Individual Jumping / Ατομικό Υπερπήδησης Εμποδίων	Rider / Αναβάτης	Horse / Άλογο	27-08-2004
Gold Medal/Χρυσό Μετάλλιο:	O'CONNOR Cian	WATERFORD CRYSTAL	IRL
Silver Medal/Αργυρό Μετάλλιο:	PESSOA Rodrigo	BALOUBET DU ROUET	BRA
Bronze Medal/Χάλκινο Μετάλλιο:	KAPPLER Chris	ROYAL KALIBER	USA

Team Jumping / Ομαδική Υπερπήδηση Εμποδίων	Rider / Αναβάτης	Horse / Άλογο	24-08-2004
Gold Medal/Χρυσό Μετάλλιο:	AHLMANN Christian BECKER Otto BEERBAUM Ludger KUTSCHER Marco	COSTER CENTO GOLDFEVER MONTENDER	GER
Silver Medal/Αργυρό Μετάλλιο:	KAPPLER Chris MADDEN Beezie WARD McLain WYLDE Peter	ROYAL KALIBER AUTHENTIC SAPPHIRE FEIN CERA	USA
Bronze Medal/Χάλκινο Μετάλλιο:	BARYARD Malin BENGTSSON Rolf-Goran ERIKSSON Peter FREDRICSON Peder	BUTTERFLY FLIP MAC KINLEY CARDENTO MAGIC BENGTSSON	SWE

Team Dressage / Ομαδική Ιππική Δεξιοτεχνία	Rider / Αναβάτης	Horse / Άλογο	20-08-2004
Gold Medal/Χρυσό Μετάλλιο:	KEMMER Heike SALZGEBER Ulla SCHAUDT Martin SCHMIDT Hubertus	BONAPARTE RUSTY WELTALL WANSUELA SUERTE	GER
Silver Medal/Αργυρό Μετάλλιο:	FERRER-SALAT Beatriz JIMENEZ Juan Antonio RAMBLA Ignacio SOTO Rafael	BEAUVALAIS GUIZO OLEAJE INVASOR	ESP
Bronze Medal/Χάλκινο Μετάλλιο:	DOVER Robert McDONALD Deborah SEIDEL Guenter WILCOX Lisa	KENNEDY BRENTINA ARAGON RELEVANT 5	USA

Gymnastics Artistic
Ενόργανη Γυμναστική

Women's Asymetric Bars Ασύμμετροι Ζυγοί Γυναικών		22-08-2004
Gold Medal/Χρυσό Μετάλλιο:	LEPENNEC Emilie	FRA
Silver Medal/Αργυρό Μετάλλιο:	HUMPHREY Terin	USA
Bronze Medal/Χάλκινο Μετάλλιο:	KUPETS Courtney	USA

Women's Balance Beam Δοκός Γυναικών		23-08-2004
Gold Medal/Χρυσό Μετάλλιο:	PONOR Catalina	ROM
Silver Medal/Αργυρό Μετάλλιο:	PATTERSON Carly	USA
Bronze Medal/Χάλκινο Μετάλλιο:	EREMIA Alexandra Georgiana	ROM

Women's Floor Έδαφος Γυναικών		23-08-2004
Gold Medal/Χρυσό Μετάλλιο:	PONOR Catalina	ROM
Silver Medal/Αργυρό Μετάλλιο:	SOFRONIE Nicoleta Daniela	ROM
Bronze Medal/Χάλκινο Μετάλλιο:	MORENO Patricia	ESP

Women's Vault Άλμα Γυναικών		22-08-2004
Gold Medal/Χρυσό Μετάλλιο:	ROSU Monica	ROM
Silver Medal/Αργυρό Μετάλλιο:	HATCH Annia	USA
Bronze Medal/Χάλκινο Μετάλλιο:	PAVLOVA Anna	RUS

Women's Individual All-Around Σύνθετο Ατομικό Γυναικών		19-08-2004
Gold Medal/Χρυσό Μετάλλιο:	PATTERSON Carly	USA
Silver Medal/Αργυρό Μετάλλιο:	KHORKINA Svetlana	RUS
Bronze Medal/Χάλκινο Μετάλλιο:	ZHANG Nan	CHN

Women's Team Ομαδικό Γυναικών		17-08-2004
Gold Medal/Χρυσό Μετάλλιο:	BAN Oana	ROM
	EREMIA Alexandra Georgiana	
	PONOR Catalina	
	ROSU Monica	
	SOFRONIE Nicoleta Daniela	
	STROESCU Silvia	
Silver Medal/Αργυρό Μετάλλιο:	BHARDWAJ Mohini	USA
	HATCH Annia	
	HUMPHREY Terin	
	KUPETS Courtney	
	McCOOL Courtney	
	PATTERSON Carly	
Bronze Medal/Χάλκινο Μετάλλιο:	EZHOVA Liudmila	RUS
	KHORKINA Svetlana	
	KRIOUTCHKOVA Maria	
	PAVLOVA Anna	
	ZAMOLODCHIKOVA Elena	
	ZIGANCHINA Natalia	

Gymnastics - Trampoline
Γυμναστική - Τραμπολίνο

Women Γυναίκες		20-08-2004
Gold Medal/Χρυσό Μετάλλιο:	DOGONADZE Anna	GER
Silver Medal/Αργυρό Μετάλλιο:	COCKBURN Karen	CAN
Bronze Medal/Χάλκινο Μετάλλιο:	HUANG Shanshan	CHN

Men Άνδρες		21-08-2004
Gold Medal/Χρυσό Μετάλλιο:	NIKITIN Yuri	UKR
Silver Medal/Αργυρό Μετάλλιο:	MOSKALENKO Alexander	RUS
Bronze Medal/Χάλκινο Μετάλλιο:	STEHLIK Henrik	GER

Gymnastics Rhythmic
Ρυθμική Γυμναστική

Individual All-Around Σύνθετο Ατομικό		29-08-2004
Gold Medal/Χρυσό Μετάλλιο:	KABAEVA Alina	RUS
Silver Medal/Αργυρό Μετάλλιο:	TCHACHINA Irina	RUS
Bronze Medal/Χάλκινο Μετάλλιο:	BESSONOVA Anna	UKR

Group All-Around Σύνθετο Ομάδων		28-08-2004
Gold Medal/Χρυσό Μετάλλιο:	BELUGUINA Olesia	RUS
	GLATSKIKH Olga	
	KURBAKOVA Tatiana	
	LAVROVA Natalia	
	MURZINA Elena	
	POSEVINA Elena	
Silver Medal/Αργυρό Μετάλλιο:	BLANCHI Elisa	ITA
	D'OTTAVIO Fabrizia	
	FALCA Marinella	
	MASSERONI Daniela	
	SANTONI Elisa	
	VERNIZZI Laura	
Bronze Medal/Χάλκινο Μετάλλιο:	ILIEVA Zhaneta	BUL
	KEZHOVA Eleonora	
	MARINOVA Zornitsa	
	RANGUELOVA Kristina	
	TANCHEVA Galina	
	TANCHEVA Vladislava	

Handball
Χειροσφαίριση

 # Hockey
Χόκεϊ

Gold Medal/Χρυσό Μετάλλιο: **CRO**
LOSERT Venio, KALEB Niksa, BALIC Ivano,
LACKOVIC Blazenko, ZRNIC Vedran, VORI Igor,
DOMINIKOVIC Davor, DZOMBA Mirza, SOLA Vlado,
VUKOVIC Drago, GOLUZA Slavko, MATOSEVIC Valter,
SPREM Goran, SPOLJARIC Denis, METLICIC Petar

Silver Medal/Αργυρό Μετάλλιο: **GER**
FRITZ Henning, HENS Pascal, DRAGUNSKI Mark,
KRETZSCHMAR Stefan, IMMEL Jan Olaf,
SCHWARZER Christian, PETERSEN Klaus-Dieter,
von BEHREN Frank, ZERBE Volker, RAMOTA Christian,
BAUR Markus, ZEITZ Christian, JANSEN Torsten,
STEPHAN Daniel, KEHRMANN Florian

Bronze Medal/Χάλκινο Μετάλλιο: **RUS**
LAVROV Andrey, IVANOV Vitali, KULESHOV Oleg,
KRIVOSHLYKOV Denis, TUCHKIN Alexandre,
KUDINOV Vasily, BASHKIN Pavel,
TORGOVANOV Dmitri, GORBATIKOV Alexander,
RASTVORTSEV Alexey, KOSTYGOV Alexey,
GORPICHIN Viatcheslav, POGORELOV Sergey,
CHIPURIN Mikhail, KOKCHAROV Eduard

Gold Medal/Χρυσό Μετάλλιο: **DEN**
NOERGAARD Louise Bager, SKOV Rikke,
MIKKELSEN Henriette Roende, VESTERGAARD Mette,
JOERGENSEN Rikke Hoerlykke,
THOMSEN Camilla Ingemann, MORTENSEN Karin
Oernhoej, KIAERSKOU Lotte, JENSEN Trine,
FRUELUND Katrine, SCHMIDT Rikke,
ANDERSEN Kristine, BROEDSGAARD Karen,
DAUGAARD Line, TOURAY Josephine

Silver Medal/Αργυρό Μετάλλιο: **KOR**
OH Yong Ran, WOO Sun Hee, HUH Soon Young,
LEE Gong Joo, JANG So Hee, KIM Hyun Ok,
KIM Cha Youn, OH Seong Ok, HUH Young Sook,
MOON Kyeong Ha, LIM O Kyeong, LEE Sang Eun,
MYOUNG Bok Hee, CHOI Im Jeong, MOON Pil Hee

Bronze Medal/Χάλκινο Μετάλλιο: **UKR**
BORYSENKO Nataliya, BURMYSTROVA Ganna,
SHINKARENKO Tetyana, VERGELYUK Maryna,
YATSENKO Olena, SIUKALO Ganna,
RADCHENKO Olena, TSYGITSA Olena,
MARKUSHEVSKA Galyna, SHEVCHENKO Lyudmyla,
HONCHAROVA Iryna, LYAPINA Nataliya,
BORODINA Anastasiya, ZASPA Larysa, RAYHEL Oxana

Gold Medal/Χρυσό Μετάλλιο: **AUS**
DWYER Jamie, McCANN Michael, ELDER Troy,
HAMMOND Robert, BRENNAN Michael,
GEORGE Bevan, WELLS Matthew, BROOKS Travis,
LIVERMORE Brent, BUTLER Dean, MOWLAM Stephen,
de YOUNG Liam, EGLINGTON Nathan,
KNOWLES Mark, SCHUBERT Grant, HICKMAN Mark

Silver Medal/Αργυρό Μετάλλιο: **NED**
VOGELS Guus, DERIKX Geert-Jan, JAZET Erik,
EVERS Floris, van der WEIDE Sander,
BROUWER Ronald, TAEKEMA Teake,
EIKELBOOM Marten, DELMEE Jeroen,
de NOOIJER Teun, KLAVER Karel, DERIKX Rob,
VEERING Klaas, RECKERS Rob, BROUWER Matthijs,
MAHIEU Jesse

Bronze Medal/Χάλκινο Μετάλλιο: **GER**
ARNOLD Clemens, CRONE Philipp, EIMER Christoph,
EMMERLING Bjoern, BIEDERLACK Sebastian,
WEISSENBORN Tibor, KUNZ Florian, WESS Timo,
BECHMANN Christoph, ZELLER Christopher,
WITTHAUS Matthias, SCHULTE Christian, DUCKWITZ
Eike, MICHEL Bjoern, REINELT Sascha,
SCHAROWSKY Justus

Gold Medal/Χρυσό Μετάλλιο: **GER**
BACHMANN Tina, KLECKER Denise, HAASE Mandy,
ERNSTING KRIENKE Nadine, CASARETTO Caroline,
KELLER Natascha, MUELLER Silke,
RODEWALD Marion, LAETZSCH Heike, RINNE Fanny,
WALTER Louisa, KUEHN Anke, LATIF Badri,
ZWEHL Julia, LEHMANN Sonja, GUDE Franziska

Silver Medal/Αργυρό Μετάλλιο: **NED**
SINNIGE Clarinda, de ROEVER Lisanne,
van DER VAART Macha, MOREIRA de MELO Fatima,
SNOEKS Jiske, SCHEEPSTRA Maartje,
van GEENHUIZEN Miek, KARRES Sylvia,
DONNERS Mijntje, BOOMGAARDT Ageeth, SMABERS
Minke, BOOIJ Minke, SCHOPMAN Janneke, de BRUIJN
Chantal, MULDER Eefke, van KESSEL Lieve

Bronze Medal/Χάλκινο Μετάλλιο: **ARG**
ANTONISKA Mariela Andrea, AICEGA Maria Magdalena,
di GIACOMO Marina Emilce, STEPNIK Ayelen Iara,
GULLA Alejandra Laura, AYMAR Luciana Paula, ONETO
Vanina Paula, GARCIA Agustina Soledad, GONZALEZ
OLIVA Mariana Alejandra, MARGALOT Maria Mercedes,
HERNANDEZ Maria de la Paz, ROGNONI Maria Cecilia,
VUKOJICIC Paola, RUSSO Marine, ARRONDO Ines,
BURKART Claudia Ines

Judo
Τζούντο

Men 60Kg Άνδρες 60 κιλά		14-08-2004
Gold Medal/Χρυσό Μετάλλιο:	NOMURA Tadahiro	JPN
Silver Medal/Αργυρό Μετάλλιο:	KHERGIANI Nestor	GEO
Bronze Medal/Χάλκινο Μετάλλιο:	TSAGAANBAATAR Khashbaatar	MGL
Bronze Medal/Χάλκινο Μετάλλιο:	CHOI Min Ho	KOR

Men 66Kg Άνδρες 66 κιλά		15-08-2004
Gold Medal/Χρυσό Μετάλλιο:	UCHISHIBA Masato	JPN
Silver Medal/Αργυρό Μετάλλιο:	KRNAC Jozef	SVK
Bronze Medal/Χάλκινο Μετάλλιο:	GEORGIEV Georgi	BUL
Bronze Medal/Χάλκινο Μετάλλιο:	ARENCIBIA Yordanis	CUB

Men 73Kg Άνδρες 73 κιλά		16-08-2004
Gold Medal/Χρυσό Μετάλλιο:	LEE Won Hee	KOR
Silver Medal/Αργυρό Μετάλλιο:	MAKAROV Vitaliy	RUS
Bronze Medal/Χάλκινο Μετάλλιο:	GUILHEIRO Leandro	BRA
Bronze Medal/Χάλκινο Μετάλλιο:	PEDRO James	USA

Men 81Kg Άνδρες 81 κιλά		17-08-2004
Gold Medal/Χρυσό Μετάλλιο:	ILIADIS Ilias	GRE
Silver Medal/Αργυρό Μετάλλιο:	GONTYUK Roman	UKR
Bronze Medal/Χάλκινο Μετάλλιο:	NOSSOV Dmitri	RUS
Bronze Medal/Χάλκινο Μετάλλιο:	CANTO Flavio	BRA

Men 90Kg Άνδρες 90 κιλά		18-08-2004
Gold Medal/Χρυσό Μετάλλιο:	ZVIADAURI Zurab	GEO
Silver Medal/Αργυρό Μετάλλιο:	IZUMI Hiroshi	JPN
Bronze Medal/Χάλκινο Μετάλλιο:	TAOV Khasanbi	RUS
Bronze Medal/Χάλκινο Μετάλλιο:	HUIZINGA Mark	NED

Men 100Kg Άνδρες 100 κιλά		19-08-2004
Gold Medal/Χρυσό Μετάλλιο:	MAKARAU Ihar	BLR
Silver Medal/Αργυρό Μετάλλιο:	JANG Sung Ho	KOR
Bronze Medal/Χάλκινο Μετάλλιο:	JURACK Michael	GER
Bronze Medal/Χάλκινο Μετάλλιο:	ZEEVI Ariel	ISR

Men 100+Kg Άνδρες 100+ κιλά		20-08-2004
Gold Medal/Χρυσό Μετάλλιο:	SUZUKI Keiji	JPN
Silver Medal/Αργυρό Μετάλλιο:	TMENOV Tamerlan	RUS
Bronze Medal/Χάλκινο Μετάλλιο:	van DER GEEST Dennis	NED
Bronze Medal/Χάλκινο Μετάλλιο:	PERTELSON Indrek	EST

Women 48Kg Γυναίκες 48 κιλά		14-08-2004
Gold Medal/Χρυσό Μετάλλιο:	TANI Ryoko	JPN
Silver Medal/Αργυρό Μετάλλιο:	JOSSINET Frederique	FRA
Bronze Medal/Χάλκινο Μετάλλιο:	MATIJASS Julia	GER
Bronze Medal/Χάλκινο Μετάλλιο:	GAO Feng	CHN

Women 52Kg Γυναίκες 52 κιλά		15-08-2004
Gold Medal/Χρυσό Μετάλλιο:	XIAN Dongmei	CHN
Silver Medal/Αργυρό Μετάλλιο:	YOKOSAWA Yuki	JPN
Bronze Medal/Χάλκινο Μετάλλιο:	SAVON Amarilys	CUB
Bronze Medal/Χάλκινο Μετάλλιο:	HEYLEN Ilse	BEL

Women 57Kg Γυναίκες 57 κιλά		16-08-2004
Gold Medal/Χρυσό Μετάλλιο:	BOENISCH Yvonne	GER
Silver Medal/Αργυρό Μετάλλιο:	KYE Sun Hui	PRK
Bronze Medal/Χάλκινο Μετάλλιο:	GRAVENSTIJN Deborah	NED
Bronze Medal/Χάλκινο Μετάλλιο:	LUPETEY Yurisleidy	CUB

Women 63Kg Γυναίκες 63 κιλά		17-08-2004
Gold Medal/Χρυσό Μετάλλιο:	TANIMOTO Ayumi	JPN
Silver Medal/Αργυρό Μετάλλιο:	HEILL Claudia	AUT
Bronze Medal/Χάλκινο Μετάλλιο:	ZOLNIR Urska	SLO
Bronze Medal/Χάλκινο Μετάλλιο:	GONZALEZ Driulys	CUB

Women 70Kg Γυναίκες 70 κιλά		18-08-2004
Gold Medal/Χρυσό Μετάλλιο:	UENO Masae	JPN
Silver Medal/Αργυρό Μετάλλιο:	BOSCH Edith	NED
Bronze Medal/Χάλκινο Μετάλλιο:	QIN Dongya	CHN
Bronze Medal/Χάλκινο Μετάλλιο:	BOEHM Annett	GER

Women 78Kg Γυναίκες 78 κιλά		19-08-2004
Gold Medal/Χρυσό Μετάλλιο:	ANNO Noriko	JPN
Silver Medal/Αργυρό Μετάλλιο:	LIU Xia	CHN
Bronze Medal/Χάλκινο Μετάλλιο:	MORICO Lucia	ITA
Bronze Medal/Χάλκινο Μετάλλιο:	LABORDE Yurisel	CUB

Women 78+Kg Γυναίκες 78+ κιλά		20-08-2004
Gold Medal/Χρυσό Μετάλλιο:	TSUKADA Maki	JPN
Silver Medal/Αργυρό Μετάλλιο:	BELTRAN Dayma	CUB
Bronze Medal/Χάλκινο Μετάλλιο:	DONGUZASHVILI Tea	RUS
Bronze Medal/Χάλκινο Μετάλλιο:	SUN Fuming	CHN

Modern Pentathlon
Μοντέρνο Πένταθλο

Men Άνδρες		26-08-2004	Points Βαθμοί
Gold Medal/Χρυσό Μετάλλιο:	MOISEEV Andrey	RUS	5480
Silver Medal/Αργυρό Μετάλλιο:	ZADNEPROVSKIS Andrejus	LTU	5428
Bronze Medal/Χάλκινο Μετάλλιο:	CAPALINI Libor	CZE	5392

Women Γυναίκες		27-08-2004	Points Βαθμοί
Gold Medal/Χρυσό Μετάλλιο:	VOROS Zsuzsanna	HUN	5448
Silver Medal/Αργυρό Μετάλλιο:	RUBLEVSKA Jelena	LAT	5380
Bronze Medal/Χάλκινο Μετάλλιο:	HARLAND Georgina	GBR	5344

Rowing
Κωπηλασία

Women's Single Sculls / Σκιφ Γυναικών — 21-08-2004 — WBT: 7:07.71

Gold Medal/Χρυσό Μετάλλιο:	RUTSCHOW-STOMPOROWSKI Katrin	GER	7:18.12
Silver Medal/Αργυρό Μετάλλιο:	KARSTEN (-KHODOTOVITCH) E.	BLR	7:22.04
Bronze Medal/Χάλκινο Μετάλλιο:	NEYKOVA Rumyana	BUL	7:23.10

Men's Single Sculls / Σκιφ Ανδρών — 21-08-2004 — WBT: 6:36.33

Gold Medal/Χρυσό Μετάλλιο:	TUFTE Olaf	NOR	6:49.30
Silver Medal/Αργυρό Μετάλλιο:	JAANSON Jueri	EST	6:51.42
Bronze Medal/Χάλκινο Μετάλλιο:	YANAKIEV Ivo	BUL	6:52.80

Women's Pair / Δίκωπος Γυναικών — 21-08-2004 — WBT: 6:53.80

Gold Medal/Χρυσό Μετάλλιο:	DAMIAN (ANDRUNACHE-) Georgeta SUSANU Viorica	ROM	7:06.55
Silver Medal/Αργυρό Μετάλλιο:	GRAINGER Katherine BISHOP Cath	GBR	7:08.66
Bronze Medal/Χάλκινο Μετάλλιο:	BICHYK Yuliya HELAKH Natallia	BLR	7:09.86

Men's Pair / Δίκωπος Ανδρών — 21-08-2004 — WBT: 6:14.27

Gold Medal/Χρυσό Μετάλλιο:	GINN Drew TOMKINS James	AUS	6:30.76
Silver Medal/Αργυρό Μετάλλιο:	SKELIN Sinisa SKELIN Niksa	CRO	6:32.64
Bronze Medal/Χάλκινο Μετάλλιο:	CECH Donovan di CLEMENTE Ramon	RSA	6:33.40

Women's Double Sculls / Διπλό Σκιφ Γυναικών — 21-08-2004 — WBT: 6:38.78

Gold Medal/Χρυσό Μετάλλιο:	EVERS-SWINDELL Georgina EVERS-SWINDELL Caroline	NZL	7:01.79
Silver Medal/Αργυρό Μετάλλιο:	WALESKA Peggy OPPELT Britta	GER	7:02.78
Bronze Medal/Χάλκινο Μετάλλιο:	WINCKLESS Sarah LAVERICK Elise	GBR	7:07.58

Men's Double Sculls / Διπλό Σκιφ Ανδρών — 21-08-2004 — WBT: 6:04.37

Gold Medal/Χρυσό Μετάλλιο:	VIEILLEDENT Sebastien HARDY Adrien	FRA	6:29.00
Silver Medal/Αργυρό Μετάλλιο:	SPIK Luka COP Iztok	SLO	6:31.72
Bronze Medal/Χάλκινο Μετάλλιο:	GALTAROSSA Rossano SARTORI Alessio	ITA	6:32.93

Men's Four / Τετράκωπος Ανδρών — 21-08-2004 — WBT: 5:41.35

Gold Medal/Χρυσό Μετάλλιο:	WILLIAMS Steve CRACKNELL James COODE Ed PINSENT Matthew	GBR	6:06.98
Silver Medal/Αργυρό Μετάλλιο:	BAERG Cameron HERSCHMILLER Thomas WETZEL Jake WILLIAMS Barney	CAN	6:07.06
Bronze Medal/Χάλκινο Μετάλλιο:	PORZIO Lorenzo DENTALE Dario AGAMENNONI Luca LEONARDO Raffaello	ITA	6:10.41

Lightweight Women's Double Sculls / Διπλό Σκιφ Ελαφρών Βαρών Γυναικών — 22-08-2004 — WBT: 6:49.90

Gold Medal/Χρυσό Μετάλλιο:	BURCICA Constanta ALUPEI Angela	ROM	6:56.05
Silver Medal/Αργυρό Μετάλλιο:	REIMER Daniela BLASBERG Claudia	GER	6:57.33
Bronze Medal/Χάλκινο Μετάλλιο:	van DER KOLK Kirsten van EUPEN Marit	NED	6:58.54

Lightweight Men's Double Sculls / Διπλό Σκιφ Ελαφρών Βαρών Ανδρών — 22-08-2004 — WBT: 6:10.80

Gold Medal/Χρυσό Μετάλλιο:	KUCHARSKI Tomasz SYCZ Robert	POL	6:20.93
Silver Medal/Αργυρό Μετάλλιο:	DUFOUR Frederic TOURON Pascal	FRA	6:21.46
Bronze Medal/Χάλκινο Μετάλλιο:	POLYMEROS Vasileios SKIATHITIS Nikolaos	GRE	6:23.23

Lightweight Men's Four / Τετράκωπος Ελαφρών Βαρών Ανδρών — 22-08-2004 — WBT: 5:45.60

Gold Medal/Χρυσό Μετάλλιο:	KRISTENSEN Thor EBERT Thomas MOELVIG Stephan EBBESEN Eskild	DEN	6:01.39
Silver Medal/Αργυρό Μετάλλιο:	LOFTUS Glen EDWARDS Anthony CURETON Ben BURGESS Simon	AUS	6:02.79
Bronze Medal/Χάλκινο Μετάλλιο:	BERTINI Lorenzo AMARANTE Catello AMITRANO Salvatore MASCARENHAS Bruno	ITA	6:03.74

Women's Quadruple Sculls / Τετραπλό Σκιφ Γυναικών — 22-08-2004 — WBT: 6:10.80

Gold Medal/Χρυσό Μετάλλιο:	BORON Kathrin EVERS Meike LUTZE Manuela EL QALQILI (-KOWALSKI) Kerstin	GER	6:29.29
Silver Medal/Αργυρό Μετάλλιο:	MOWBRAY Alison FLOOD Debbie HOUGHTON Frances ROMERO Rebecca	GBR	6:31.26
Bronze Medal/Χάλκινο Μετάλλιο:	FALETIC Dana SATTIN Rebecca HORE Kerry BRADLEY Amber	AUS	6:34.73

Men's Quadruple Sculls / Τετραπλό Σκιφ Ανδρών — 22-08-2004 — WBT: 5:37.68

Gold Medal/Χρυσό Μετάλλιο:	FEDOROVTSEV Sergej KRAVTSOV Igor SVIRIN Alekseij SPINEV Nikolai	RUS	5:56.85
Silver Medal/Αργυρό Μετάλλιο:	KOPRIVA David KARAS Tomas HANAK Jakub JIRKA David	CZE	5:57.43
Bronze Medal/Χάλκινο Μετάλλιο:	GRIN Sergij BILUSHCHENKO Sergij LYKOV Oleg SHAPOSHNIKOV Leonid	UKR	5:58.87

WBT - World Best Time / Καλύτερος Χρόνος στον Κόσμο

Rowing
Κωπηλασία

Men's Eight Οκτάκωπος Ανδρών		22-08-2004	WBT: 5:19.85
Gold Medal/Χρυσό Μετάλλιο:	READ Jason ALLEN Wyatt AHRENS Chris HANSEN Joseph DEAKIN Matt BEERY Dan HOOPMAN Beau VOLPENHEIN Bryan CIPOLLONE Pete	USA	5:42.48
Silver Medal/Αργυρό Μετάλλιο:	SIMON Diederik VERMEULEN Gijs GABRIELS Jan-Willem MENSCH Daniel DERKSEN Geert Jan EGGENKAMP Gerritjan VELLENGA Matthijs BARTMAN Michiel CHEUNG Chun Wei	NED	5:43.75
Bronze Medal/Χάλκινο Μετάλλιο:	SZCZUROWSKI Stefan RESIDE Stuart WELCH Stuart STEWART James STEWART Geoff HANSON Boden McKAY Mike STEWART Steve TOON Michael	AUS	5:45.38

Women's Eight Οκτάκωπος Γυναικών		22-08-2004	WBT: 5:56.55
Gold Medal/Χρυσό Μετάλλιο:	FLOREA Rodica SUSANU Viorica BARASCU Aurica PAPUC Ioana GAFENCU Liliana LIPA (-OLENIUC) Elisabeta DAMIAN (ANDRUNACHE-) Georgeta IGNAT Doina GEORGESCU (-NEDELC) Elena	ROM	6:17.70
Silver Medal/Αργυρό Μετάλλιο:	JOHNSON Kate MAGEE Samantha DIRKMAAT Megan COX Alison MICKELSON Anna KORHOLZ Laurel DAVIES Caryn NELSON (-BENNION) Lianne WHIPPLE Mary	USA	6:19.56
Bronze Medal/Χάλκινο Μετάλλιο:	WEGMAN Froukje SMULDERS Marlies HOMMES Nienke DEKKERS Hurnet van RUMPT Annemarieke de HAAN Annemiek SIEGELAAR Sarah TANGER Helen WORKEL Ester	NED	6:19.85

Sailing
Ιστιοπλοΐα

Men's Single-handed Dinghy - Finn Μονοθέσιο Ανδρών - Finn		21-08-2004
Gold Medal/Χρυσό Μετάλλιο:	AINSLIE Ben	GBR
Silver Medal/Αργυρό Μετάλλιο:	TRUJILLO Rafael	ESP
Bronze Medal/Χάλκινο Μετάλλιο:	KUSZNIEREWICZ Mateusz	POL

Men's Double-handed Dinghy - 470 Διθέσιο Ανδρών - 470		21-08-2004
Gold Medal/Χρυσό Μετάλλιο:	FOERSTER Paul BURNHAM Kevin	USA
Silver Medal/Αργυρό Μετάλλιο:	ROGERS Nick GLANFIELD Joe	GBR
Bronze Medal/Χάλκινο Μετάλλιο:	SEKI Kazuto TODOROKI Kenjiro	JPN

Women's Double-handed Dinghy - 470 Διθέσιο Γυναικών - 470		21-08-2004
Gold Medal/Χρυσό Μετάλλιο:	BEKATOROU Sofia TSOULFA Aimilia	GRE
Silver Medal/Αργυρό Μετάλλιο:	VIA DUFRESNE Natalia AZON Sandra	ESP
Bronze Medal/Χάλκινο Μετάλλιο:	TORGERSSON Therese ZACHRISSON Vendela	SWE

Women's Keelboat Yngling Τριθέσιο Γυναικών με σταθερή καρίνα - Yngling		21-08-2004
Gold Medal/Χρυσό Μετάλλιο:	ROBERTSON Shirley WEBB Sarah AYTON Sarah	GBR
Silver Medal/Αργυρό Μετάλλιο:	TARAN Ruslana KALININA Ganna MATEVUSHEVA Svitlana	UKR
Bronze Medal/Χάλκινο Μετάλλιο:	JENSEN Dorte O. JESPERSEN Helle OTZEN Christina	DEN

Women's Single-handed Dinghy - Europe Μονοθέσιο Γυναικών - Europe		22-08-2004
Gold Medal/Χρυσό Μετάλλιο:	SUNDBY Siren	NOR
Silver Medal/Αργυρό Μετάλλιο:	SMIDOVA Lenka	CZE
Bronze Medal/Χάλκινο Μετάλλιο:	LIVBJERG Signe	DEN

Mixed Open Single-handed Dinghy - Laser Μικτό Μονοθέσιο Σκάφος - Laser		22-08-2004
Gold Medal/Χρυσό Μετάλλιο:	SCHEIDT Robert	BRA
Silver Medal/Αργυρό Μετάλλιο:	GERITZER Andreas	AUT
Bronze Medal/Χάλκινο Μετάλλιο:	ZBOGAR Vasilij	SLO

WBT - World Best Time / Καλύτερος Χρόνος στον Κόσμο

Men's Windsurfer - Mistral Ιστιοσανίδα Ανδρών - Mistral		25-08-2004
Gold Medal/Χρυσό Μετάλλιο:	FRIDMAN Gal	ISR
Silver Medal/Αργυρό Μετάλλιο:	KAKLAMANAKIS Nikolaos	GRE
Bronze Medal/Χάλκινο Μετάλλιο:	DEMPSEY Nick	GBR

Women's Windsurfer - Mistral Ιστιοσανίδα Γυναικών - Mistral		25-08-2004
Gold Medal/Χρυσό Μετάλλιο:	MERRET Faustine	FRA
Silver Medal/Αργυρό Μετάλλιο:	YIN Jian	CHN
Bronze Medal/Χάλκινο Μετάλλιο:	SENSINI Alessandra	ITA

Men Keelboat - Star Διθέσιο Ανδρών με σταθερή καρίνα - Star		28-08-2004
Gold Medal/Χρυσό Μετάλλιο:	GRAEL Torben FERREIRA Marcelo	BRA
Silver Medal/Αργυρό Μετάλλιο:	MACDONALD Ross WOLFS Mike	CAN
Bronze Medal/Χάλκινο Μετάλλιο:	ROHART Xavier RAMBEAU Pascal	FRA

Mixed Open Double-handed Dinghy - 49er Μικτό Διθέσιο Σκάφος - 49er		26-08-2004
Gold Medal/Χρυσό Μετάλλιο:	MARTINEZ Iker FERNANDEZ Xavier	ESP
Silver Medal/Αργυρό Μετάλλιο:	LUKA Rodion LEONCHUK George	UKR
Bronze Medal/Χάλκινο Μετάλλιο:	DRAPER Chris HISCOCKS Simon	GBR

Mixed Open Multihull - Tornado Μικτό Δίκυτο Σκάφος - Tornado		28-08-2004
Gold Medal/Χρυσό Μετάλλιο:	HAGARA Roman STEINACHER Hans Peter	AUT
Silver Medal/Αργυρό Μετάλλιο:	LOVELL John OGLETREE Charlie	USA
Bronze Medal/Χάλκινο Μετάλλιο:	LANGE Santiago ESPINOLA Carlos	ARG

Shooting
Σκοποβολή

10m Air Rifle Women Αεροβόλο Τουφέκι 10 μ. Γυναικών		14-08-2004	WR: 504.9 OR: 498.2
Gold Medal/Χρυσό Μετάλλιο:	DU Li	CHN	398
Silver Medal/Αργυρό Μετάλλιο:	GALKINA Lioubov	RUS	399
Bronze Medal/Χάλκινο Μετάλλιο:	KURKOVA Katerina	CZE	398

10m Air Pistol Men Αεροβόλο Πιστόλι 10 μ. Ανδρών		14-08-2004	WR: 695.1 OR: 688.9
Gold Medal/Χρυσό Μετάλλιο:	WANG Yifu	CHN	590
Silver Medal/Αργυρό Μετάλλιο:	NESTRUEV Mikhail	RUS	591
Bronze Medal/Χάλκινο Μετάλλιο:	ISAKOV Vladimir	RUS	584

Trap Men Τραπ Ανδρών		14-08-2004	WR: 150 OR: 149
Gold Medal/Χρυσό Μετάλλιο:	ALIPOV Alexei	RUS	149
Silver Medal/Αργυρό Μετάλλιο:	PELLIELO Giovanni	ITA	146
Bronze Medal/Χάλκινο Μετάλλιο:	VELLA Adam	AUS	145

10m Air Pistol Women Αεροβόλο Πιστόλι 10 μ. Γυναικών		15-08-2004	WR: 493.5 OR: 490.1
Gold Medal/Χρυσό Μετάλλιο:	KOSTEVYCH Olena	UKR	384
Silver Medal/Αργυρό Μετάλλιο:	SEKARIC Jasna	SCG	387
Bronze Medal/Χάλκινο Μετάλλιο:	GROZDEVA Maria	BUL	386

Trap Women Τραπ Γυναικών		16-08-2004	WR: 97 OR: 93
Gold Medal/Χρυσό Μετάλλιο:	BALOGH Suzanne	AUS	88
Silver Medal/Αργυρό Μετάλλιο:	QUINTANAL Maria	ESP	84
Bronze Medal/Χάλκινο Μετάλλιο:	LEE Bo Na	KOR	83

10m Air Rifle Men Αεροβόλο Τουφέκι 10 μ. Ανδρών		16-08-2004	WR: 702.5 OR: 696.4
Gold Medal/Χρυσό Μετάλλιο:	ZHU Qinan	CHN	599
Silver Medal/Αργυρό Μετάλλιο:	LI Jie	CHN	598
Bronze Medal/Χάλκινο Μετάλλιο:	GONCI Jozef	SVK	596

50m Free Pistol Men Ελεύθερο Πιστόλι 50 μ. Ανδρών		17-08-2004	WR: 676.2 OR: 666.4
Gold Medal/Χρυσό Μετάλλιο:	NESTRUEV Mikhail	RUS	565
Silver Medal/Αργυρό Μετάλλιο:	JIN Jong Oh	KOR	567
Bronze Medal/Χάλκινο Μετάλλιο:	KIM Jong Su	PRK	564

Double Trap Men Διπλό Τραπ Ανδρών		17-08-2004	WR: 194 OR: 189
Gold Medal/Χρυσό Μετάλλιο:	ALMAKTOUM Ahmed	UAE	189
Silver Medal/Αργυρό Μετάλλιο:	RATHORE Rajyavardhan S.	IND	179
Bronze Medal/Χάλκινο Μετάλλιο:	WANG Zheng	CHN	178

25m Pistol Women Πιστόλι 25 μ. Γυναικών		18-08-2004	WR: 695.9 OR: 690.3
Gold Medal/Χρυσό Μετάλλιο:	GROZDEVA Maria	BUL	688.2
Silver Medal/Αργυρό Μετάλλιο:	HYKOVA Lenka	CZE	687.8
Bronze Medal/Χάλκινο Μετάλλιο:	ASHUMOVA Irada	AZE	687.3

Double Trap Women Διπλό Τραπ Γυναικών		18-08-2004	WR: 150 OR: 148
Gold Medal/Χρυσό Μετάλλιο:	RHODE Kimberly	USA	146
Silver Medal/Αργυρό Μετάλλιο:	LEE Bo Na	KOR	145
Bronze Medal/Χάλκινο Μετάλλιο:	GAO E	CHN	142

10m Running Target Men 10 μ. Κινούμενος Στόχος Ανδρών		18-08-2004	WR: 687.9 OR: 685.8
Gold Medal/Χρυσό Μετάλλιο:	KURZER Manfred	GER	682.4
Silver Medal/Αργυρό Μετάλλιο:	BLINOV Alexander	RUS	678.0
Bronze Medal/Χάλκινο Μετάλλιο:	LYKIN Dimitri	RUS	677.1

Skeet Women Σκιτ Γυναικών		19-08-2004	WR: 99 OR: 98
Gold Medal/Χρυσό Μετάλλιο:	IGALY Diana	HUN	97
Silver Medal/Αργυρό Μετάλλιο:	WEI Ning	CHN	93
Bronze Medal/Χάλκινο Μετάλλιο:	MEFTAKHETDINOVA Zemfira	AZE	93

WR - World Record / Παγκόσμιο Ρεκόρ   **OR** - Olympic Record / Ολυμπιακό Ρεκόρ

Shooting
Σκοποβολή

50m Rifle 3 Position Women Τουφέκι 3 Στάσεων 50 μ. Γυναικών		20-08-2004	WR: 689.7 OR: 686.1
Gold Medal/Χρυσό Μετάλλιο:	GALKINA Lioubov	RUS	688.4
Silver Medal/Αργυρό Μετάλλιο:	TURISINI Valentina	ITA	685.9
Bronze Medal/Χάλκινο Μετάλλιο:	WANG Chengyi	CHN	685.4
50m Rifle Prone Men Τουφέκι Πρηνηδόν 50 μ. Ανδρών		20-08-2004	WR: 704.8 OR: 704.8
Gold Medal/Χρυσό Μετάλλιο:	EMMONS Matthew	USA	599
Silver Medal/Αργυρό Μετάλλιο:	LUSCH Christian	GER	598
Bronze Medal/Χάλκινο Μετάλλιο:	MARTYNOV Sergei	BLR	596
25m Rapid Fire Pistol Men Πιστόλι Ταχύτητας 25 μ. Ανδρών		21-08-2004	WR: 699.7 OR: 698.0
Gold Medal/Χρυσό Μετάλλιο:	SCHUMANN Ralf	GER	694.9
Silver Medal/Αργυρό Μετάλλιο:	POLIAKOV Sergei	RUS	692.7
Bronze Medal/Χάλκινο Μετάλλιο:	ALIFIRENKO Sergei	RUS	692.3
Skeet Men Σκιτ Ανδρών		21-08-2004	WR: 150 OR: 150
Gold Medal/Χρυσό Μετάλλιο:	BENELLI Andrea	ITA	149
Silver Medal/Αργυρό Μετάλλιο:	KEMPPAINEN Marko	FIN	149
Bronze Medal/Χάλκινο Μετάλλιο:	RODRIGUEZ Juan Miguel	CUB	147
50m Rifle 3 Position Men Τουφέκι 3 Στάσεων 50 μ. Ανδρών		22-08-2004	WR: 1287.9 OR: 1275.1
Gold Medal/Χρυσό Μετάλλιο:	JIA Zhanbo	CHN	1264.5
Silver Medal/Αργυρό Μετάλλιο:	ANTI Michael	USA	1263.1
Bronze Medal/Χάλκινο Μετάλλιο:	PLANER Christian	AUT	1262.8

Softball
Σόφτμπολ

Women Γυναίκες	
Gold Medal/Χρυσό Μετάλλιο:	USA AMICO Leah, BERG Laura, BUSTOS Crystl, FERNANDEZ Lisa, FINCH Jennie, FLOWERS Tairia, FREED Amanda, HARRIGAN Lori, JUNG Lovieanne, KRETSCHMAN Kelly, MENDOZA Jessica, NUVEMAN Stacey, OSTERMAN Catherine, TOPPING Jenny, WATLEY Natasha
Silver Medal/Αργυρό Μετάλλιο:	AUS ALLEN Sandra, CARPADIOS Marissa, CRAWFORD Fiona, DOMAN Amanda, EDEBONE Peta, HARDING Tanya, HODGSKIN Natalie, MORROW Simmone, MOSLEY Tracey, PORTER Stacey, ROCHE Melanie, TITCUME Natalie, WARD Natalie, WILKINS Brooke, WYBORN Kerry
Bronze Medal/Χάλκινο Μετάλλιο:	JPN INUI Emi, ITO Kazue, IWABUCHI Yumi, MISHINA Masumi, NAITO Emi, SAITO Haruka, SAKAI Hiroko, SAKAMOTO Naoko, SATO Rie, SATO Yuki, TAKAYAMA Juri, UENO Yukiko, UTSUGI Reika, YAMADA Eri, YAMAJI Noriko

Table Tennis
Επιτραπέζια Αντισφαίριση

Men's Singles Ατομικά Ανδρών		23-08-2004
Gold Medal/Χρυσό Μετάλλιο:	RYU Seung Min	KOR
Silver Medal/Αργυρό Μετάλλιο:	WANG Hao	CHN
Bronze Medal/Χάλκινο Μετάλλιο:	WANG Liqin	CHN
Men's Doubles Διπλά Ανδρών		21-08-2004
Gold Medal/Χρυσό Μετάλλιο:	CHEN Qi MA Lin	CHN
Silver Medal/Αργυρό Μετάλλιο:	KO Lai Chak LI Ching	HKG
Bronze Medal/Χάλκινο Μετάλλιο:	MAZE Michael TUGWELL Finn	DEN
Women's Singles Ατομικά Γυναικών		22-08-2004
Gold Medal/Χρυσό Μετάλλιο:	ZHANG Yining	CHN
Silver Medal/Αργυρό Μετάλλιο:	KIM Hyang Mi	PRK
Bronze Medal/Χάλκινο Μετάλλιο:	KIM Kyung Ah	KOR
Women's Doubles Διπλά Γυναικών		20-08-2004
Gold Medal/Χρυσό Μετάλλιο:	WANG Nan ZHANG Yining	CHN
Silver Medal/Αργυρό Μετάλλιο:	LEE Eun Sil SEOK Eun Mi	KOR
Bronze Medal/Χάλκινο Μετάλλιο:	GUO Yue NIU Jianfeng	CHN

Tennis
Αντισφαίριση

Men's Singles Μονό Ανδρών		23-08-2004
Gold Medal/Χρυσό Μετάλλιο:	MASSU Nicolas	CHI
Silver Medal/Αργυρό Μετάλλιο:	FISH Mardy	USA
Bronze Medal/Χάλκινο Μετάλλιο:	GONZALEZ Fernando	CHI
Men's Doubles Διπλό Ανδρών		22-08-2004
Gold Medal/Χρυσό Μετάλλιο:	GONZALEZ Fernando MASSU Nicolas	CHI
Silver Medal/Αργυρό Μετάλλιο:	KIEFER Nicolas SCHUETTLER Rainer	GER
Bronze Medal/Χάλκινο Μετάλλιο:	ANCIC Mario LJUBICIC Ivan	CRO
Women's Singles Μονό Γυναικών		21-08-2004
Gold Medal/Χρυσό Μετάλλιο:	HENIN-HARDENNE Justine	BEL
Silver Medal/Αργυρό Μετάλλιο:	MAURESMO Amelie	FRA
Bronze Medal/Χάλκινο Μετάλλιο:	MOLIK Alicia	AUS
Women's Doubles Διπλό Γυναικών		22-08-2004
Gold Medal/Χρυσό Μετάλλιο:	LI Ting SUN Tian Tian	CHN
Silver Medal/Αργυρό Μετάλλιο:	MARTINEZ Conchita RUANO PASCUAL Virginia	ESP
Bronze Medal/Χάλκινο Μετάλλιο:	SUAREZ Paola TARABINI Patricia	ARG

WR - World Record / Παγκόσμιο Ρεκόρ   **OR** - Olympic Record / Ολυμπιακό Ρεκόρ

Taekwondo
Ταεκβοντό

Women Under 49kg Γυναίκες έως 49 κιλά		26-08-2004
Gold Medal/Χρυσό Μετάλλιο:	CHEN Shih Hsin	TPE
Silver Medal/Αργυρό Μετάλλιο:	LABRADA DIAZ Yanelis Yuliet	CUB
Bronze Medal/Χάλκινο Μετάλλιο:	BOORAPOLCHAI Yaowapa	THA

Men Under 58kg Άνδρες έως 58 κιλά		26-08-2004
Gold Medal/Χρυσό Μετάλλιο:	CHU Mu Yen	TPE
Silver Medal/Αργυρό Μετάλλιο:	SALAZAR BLANCO Oscar Francisco	MEX
Bronze Medal/Χάλκινο Μετάλλιο:	BAYOUMI Tamer	EGY

Women Under 57kg Γυναίκες έως 57 κιλά		27-08-2004
Gold Medal/Χρυσό Μετάλλιο:	JANG Ji Won	KOR
Silver Medal/Αργυρό Μετάλλιο:	ABDALLAH Nia	USA
Bronze Medal/Χάλκινο Μετάλλιο:	SALAZAR BLANCO Iridia	MEX

Men Under 68kg Άνδρες έως 68 κιλά		27-08-2004
Gold Medal/Χρυσό Μετάλλιο:	SAEI BONEHKOHAL Hadi	IRI
Silver Medal/Αργυρό Μετάλλιο:	HUANG Chih Hsiung	TPE
Bronze Medal/Χάλκινο Μετάλλιο:	SONG Myeong Seob	KOR

Women Under 67kg Γυναίκες έως 67 κιλά		28-08-2004
Gold Medal/Χρυσό Μετάλλιο:	LUO Wei	CHN
Silver Medal/Αργυρό Μετάλλιο:	MYSTAKIDOU Elisavet	GRE
Bronze Medal/Χάλκινο Μετάλλιο:	HWANG Kyung Sun	KOR

Men Under 80kg Άνδρες έως 80 κιλά		28-08-2004
Gold Medal/Χρυσό Μετάλλιο:	LOPEZ Steven	USA
Silver Medal/Αργυρό Μετάλλιο:	TANRIKULU Bahri	TUR
Bronze Medal/Χάλκινο Μετάλλιο:	KARAMI Yossef	IRI

Women Over 67kg Γυναίκες άνω των 67 κιλών		29-08-2004
Gold Medal/Χρυσό Μετάλλιο:	CHEN Zhong	CHN
Silver Medal/Αργυρό Μετάλλιο:	BAVEREL Myriam	FRA
Bronze Medal/Χάλκινο Μετάλλιο:	CARMONA Adriana	VEN

Men Over 80kg Άνδρες άνω των 80 κιλών		29-08-2004
Gold Medal/Χρυσό Μετάλλιο:	MOON Dae Sung	KOR
Silver Medal/Αργυρό Μετάλλιο:	NIKOLAIDIS Alexandros	GRE
Bronze Medal/Χάλκινο Μετάλλιο:	GENTIL Pascal	FRA

Triathlon
Τρίαθλο

Women Γυναίκες		25-08-2004	Total Time Συνολικός Χρόνος
Gold Medal/Χρυσό Μετάλλιο:	ALLEN Kate	AUT	2:04:43.45
Silver Medal/Αργυρό Μετάλλιο:	HARROP Loretta	AUS	2:04:50.17
Bronze Medal/Χάλκινο Μετάλλιο:	WILLIAMS Susan	USA	2:05:08.92

Men Άνδρες		26-08-2004	Total Time Συνολικός Χρόνος
Gold Medal/Χρυσό Μετάλλιο:	CARTER Hamish	NZL	1:51:07.73
Silver Medal/Αργυρό Μετάλλιο:	DOCHERTY Bevan	NZL	1:51:15.60
Bronze Medal/Χάλκινο Μετάλλιο:	RIEDERER Sven	SUI	1:51:33.26

Volleyball / Βόλεϊμπολ
Beach Volleyball / Μπιτς Βόλεϊμπολ

Women Γυναίκες		
Gold Medal/Χρυσό Μετάλλιο:	WALSH/MAY	USA
Silver Medal/Αργυρό Μετάλλιο:	ADRIANA BEHAR/SHELDA	BRA
Bronze Medal/Χάλκινο Μετάλλιο:	McPEAK/YOUNGS	USA

Men Άνδρες		
Gold Medal/Χρυσό Μετάλλιο:	RICARDO/EMANUEL	BRA
Silver Medal/Αργυρό Μετάλλιο:	BOSMA/HERRERA	ESP
Bronze Medal/Χάλκινο Μετάλλιο:	HEUSCHER/KOBEL	SUI

Volleyball
Πετοσφαίριση

Men / Άνδρες			Women / Γυναίκες	

Gold Medal/Χρυσό Μετάλλιο: BRA
GAVIO Giovane, HELLER Andre, LIMA Mauricio,
GODOY FILHO Gilberto, NASCIMENTO Andre,
SANTOS Sergio Dutra, RODRIGUES Anderson,
BITENCOURT Nalbert, ENDRES Gustavo,
SANTANA Rodrigo, GARCIA Ricardo,
AMARAL Dante Guimaraes

Silver Medal/Αργυρό Μετάλλιο: ITA
MASTRANGELO Luigi, VERMIGLIO Valerio,
PAPI Samuele, SARTORETTI Andrea, CISOLLA Alberto,
SIMEONOV Ventzislav, PIPPI Damiano, GIANI Andrea,
FEI Alessandro, TOFOLI Paolo, COZZI Paolo,
CERNIC Matej

Bronze Medal/Χάλκινο Μετάλλιο: RUS
DINEYKIN Stanislav, BARANOV Sergey,
ABRAMOV Pavel, KAZAKOV Alexey,
TETYUKHIN Serguey, KHAMUTTSKIKH Vadim,
KOSAREV Alexander, USHAKOV Konstantin,
KHTEY Taras, EGORCHEV Andrey,
VERBOV Alexey, KULESHOV Alexey

Gold Medal/Χρυσό Μετάλλιο: CHN
FENG Kun, YANG Hao, LIU Yanan, LI Shan,
ZHOU Suhong, ZHAO Ruirui, ZHANG Yuehong,
CHEN Jing, SONG Nina, WANG Lina, ZHANG Na,
ZHANG Ping

Silver Medal/Αργυρό Μετάλλιο: RUS
TEBENIKHINA Irina, TYURINA Elena,
SHASHKOVA Lioubov, SAFRONOVA Natalia,
ARTAMONOVA Evgenya, TISHCHENKO Elizaveta,
CHUKANOVA Olga, GAMOVA Ekaterina,
SHESHENINA Marina, KORUKOVETS Alexandra,
PLOTNIKOVA Elena, NIKOLAEVA Olga

Bronze Medal/Χάλκινο Μετάλλιο: CUB
RUIZ LUACES Yumilka, CARRILLO de la PAZ Nancy,
MARTINEZ ADLUN Maybelis,
RAMIREZ ECHEVARRIA Daimi,
ORTIZ CHARRO Yaima, FERNANDEZ VALLE Ana Ivis,
MESA LUACES Liana, CALDERON DIAZ Rosir,
MUNOZ CARRAZANA Aniara,
TELLEZ PALACIO Dulce M.,
SANCHEZ SALFRAN Marta,
BARROS FERNANDEZ Zoila

Weightlifting
Άρση Βαρών

Women 48kg / Γυναίκες 48 κιλά		14-08-2004	Sn	C&J	Total
		WR: 97.5	116.5	210.0	
		OR: 97.5	115.0	210.0	
Gold Medal/Χρυσό Μετάλλιο:	TAYLAN Nurcan	TUR	97.5	112.5	210.0
Silver Medal/Αργυρό Μετάλλιο:	LI Zhuo	CHN	92.5	112.5	205.0
Bronze Medal/Χάλκινο Μετάλλιο:	WIRATTHAWORN Aree	THA	85.0	115.0	200.0

Men 56kg / Άνδρες 56 κιλά		15-08-2004	Sn	C&J	Total
		WR: 138.5	168.0	305.0	
		OR: 137.5	167.5	305.0	
Gold Medal/Χρυσό Μετάλλιο:	MUTLU Halil	TUR	135.0	160.0	295.0
Silver Medal/Αργυρό Μετάλλιο:	WU Meijin	CHN	130.0	157.5	287.5
Bronze Medal/Χάλκινο Μετάλλιο:	ARTUC Sedat	TUR	125.0	155.0	280.0

Women 53kg / Γυναίκες 53 κιλά		15-08-2004	Sn	C&J	Total
		WR: 102.5	127.5	225.0	
		OR: 100.0	125.0	225.0	
Gold Medal/Χρυσό Μετάλλιο:	POLSAK Udomporn	THA	97.5	125.0	222.5
Silver Medal/Αργυρό Μετάλλιο:	RUMBEWAS Raema Lisa	INA	95.0	115.0	210.0
Bronze Medal/Χάλκινο Μετάλλιο:	MOSQUERA Mabel	COL	87.5	110.0	197.5

Men 62kg / Άνδρες 62 κιλά		16-08-2004	Sn	C&J	Total
		WR: 153.0	182.5		
		OR: 152.5		325.0	
Gold Medal/Χρυσό Μετάλλιο:	SHI Zhiyong	CHN	152.5	172.5	325.0
Silver Medal/Αργυρό Μετάλλιο:	LE Maosheng	CHN	140.0	172.5	312.5
Bronze Medal/Χάλκινο Μετάλλιο:	RUBIO Israel Jose	VEN	132.5	162.5	295.0

Women 58kg / Γυναίκες 58 κιλά		16-08-2004	Sn	C&J	Total
		WR: 110.0	133.0	240.0	
		OR: 107.5		237.5	
Gold Medal/Χρυσό Μετάλλιο:	CHEN Yanqing	CHN	107.5	130.0	237.5
Silver Medal/Αργυρό Μετάλλιο:	RI Song Hui	PRK	102.5	130.0	232.5
Bronze Medal/Χάλκινο Μετάλλιο:	KAMEAIM Wandee	THA	102.5	127.5	230.0

Men 69kg / Άντρες 69 κιλά		18-08-2004	Sn	C&J	Total
		WR: 165.0	197.5	357.5	
		OR: 165.0	195.0	357.5	
Gold Medal/Χρυσό Μετάλλιο:	ZHANG Guozheng	CHN	160.0	187.5	347.5
Silver Medal/Αργυρό Μετάλλιο:	LEE Bae Young	KOR	152.5	190.0	342.5
Bronze Medal/Χάλκινο Μετάλλιο:	PECHALOV Nikolay	CRO	150.0	187.5	337.5

Women 63kg / Γυναίκες 63 κιλά		18-08-2004	Sn	C&J	Total
		WR: 115.0	138.0	247.5	
		OR: 115.0	135.0	242.5	
Gold Medal/Χρυσό Μετάλλιο:	SKAKUN Nataliya	UKR	107.5	135.0	242.5
Silver Medal/Αργυρό Μετάλλιο:	BATSIUSHKA Hanna	BLR	115.0	127.5	242.5
Bronze Medal/Χάλκινο Μετάλλιο:	STUKALAVA Tatsiana	BLR	100.0	122.5	222.5

Men 77kg / Άνδρες 77 κιλά		19-08-2004	Sn	C&J	Total
		WR: 173.5	210.0	377.5	
		OR: 172.5	207.5	375.0	
Gold Medal/Χρυσό Μετάλλιο:	SAGIR Taner	TUR	172.5	202.5	375.0
Silver Medal/Αργυρό Μετάλλιο:	FILIMONOV Sergey	KAZ	172.5	200.0	372.5
Bronze Medal/Χάλκινο Μετάλλιο:	PEREPETCHENOV Oleg	RUS	170.0	195.0	365.0

WR - World Record / Παγκόσμιο Ρεκόρ   **OR** - Olympic Record / Ολυμπιακό Ρεκόρ   **Sn** - Snatch / Αρασέ   **C&J** - Clean & Jerk / Επολέ - Ζετέ   **Total** - Σύνολο

Women 69kg Γυναίκες 69 κιλά			19-08-2004	Sn	C&J	Total
			WR:	122.5	153.0	275.0
			OR:	122.5	152.5	275.0
Gold Medal/Χρυσό Μετάλλιο:	LIU Chunhong	CHN		122.5	152.5	275.0
Silver Medal/Αργυρό Μετάλλιο:	KRUTZLER Eszter	HUN		117.5	145.0	262.5
Bronze Medal/Χάλκινο Μετάλλιο:	KASAEVA Zarema	RUS		117.5	145.0	262.5

Women 75kg Γυναίκες 75 κιλά			20-08-2004	Sn	C&J	Total
			WR:	125.0	152.5	272.5
			OR:	125.0	150.0	272.5
Gold Medal/Χρυσό Μετάλλιο:	THONGSUK Pawina	THA		122.5	150.0	272.5
Silver Medal/Αργυρό Μετάλλιο:	ZABOLOTNAIA Natalia	RUS		125.0	147.5	272.5
Bronze Medal/Χάλκινο Μετάλλιο:	POPOVA Valentina	RUS		120.0	145.0	265.0

Men 85kg Άνδρες 85 κιλά			21-08-2004	Sn	C&J	Total
			WR:	182.5	218.0	
			OR:			
Gold Medal/Χρυσό Μετάλλιο:	ASANIDZE George	GEO		177.5	205.0	382.5
Silver Medal/Αργυρό Μετάλλιο:	RYBAKOU Andrei	BLR		180.0	200.0	380.0
Bronze Medal/Χάλκινο Μετάλλιο:	DIMAS Pyrros	GRE		175.0	202.5	377.5

Women 75+ kg Γυναίκες 75+ κιλά			21-08-2004	Sn	C&J	Total
			WR:	137.5	182.5	305.0
			OR:	135.0	182.5	305.0
Gold Medal/Χρυσό Μετάλλιο:	TANG Gonghong	CHN		122.5	182.5	305.0
Silver Medal/Αργυρό Μετάλλιο:	JANG Mi Ran	KOR		130.0	172.5	302.5
Bronze Medal/Χάλκινο Μετάλλιο:	WROBEL Agata	POL		130.0	160.0	290.0

Men 94kg Άνδρες 94 κιλά			23-08-2004	Sn	C&J	Total
			WR:	188.0	232.5	
			OR:			
Gold Medal/Χρυσό Μετάλλιο:	DOBREV Milen	BUL		187.5	220.0	407.5
Silver Medal/Αργυρό Μετάλλιο:	AKKAEV Khadjimourad	RUS		185.0	220.0	405.0
Bronze Medal/Χάλκινο Μετάλλιο:	TJUKIN Eduard	RUS		182.5	215.0	397.5

Men 105 kg Άνδρες 105 κιλά			24-08-2004	Sn	C&J	Total
			WR:		198.5	
			OR: 195.0			
Gold Medal/Χρυσό Μετάλλιο:	BERESTOV Dmitry	RUS		195.0	230.0	425.0
Silver Medal/Αργυρό Μετάλλιο:	GYURKOVICS Ferenc	HUN		195.0	225.0	420.0
Bronze Medal/Χάλκινο Μετάλλιο:	RAZORONOV Igor	UKR		190.0	230.0	420.0

Men's 105+kg Άνδρες 105+ κιλά			25-08-2004	Sn	C&J	Total
			WR:	213.0	263.5	472.5
			OR:	212.5	262.5	472.5
Gold Medal/Χρυσό Μετάλλιο:	REZA ZADEH Hossein	IRI		210.0	262.5	472.5
Silver Medal/Αργυρό Μετάλλιο:	SCERBATIHS Viktors	LAT		205.0	250.0	455.0
Bronze Medal/Χάλκινο Μετάλλιο:	CHOLAKOV Velichko	BUL		207.5	240.0	447.5

Wrestling
Πάλη

Women's Freestyle 48kg Ελευθέρα Γυναικών - Κατηγορία 48 κιλών		23-08-2004
Gold Medal/Χρυσό Μετάλλιο:	MERLENI Irini	UKR
Silver Medal/Αργυρό Μετάλλιο:	ICHO Chiharu	JPN
Bronze Medal/Χάλκινο Μετάλλιο:	MIRANDA Patricia	USA

Women's Freestyle 55kg Ελευθέρα Γυναικών - Κατηγορία 55 κιλών		23-08-2004
Gold Medal/Χρυσό Μετάλλιο:	YOSHIDA Saori	JPN
Silver Medal/Αργυρό Μετάλλιο:	VERBEEK Tonya	CAN
Bronze Medal/Χάλκινο Μετάλλιο:	GOMIS Anna	FRA

Women's Freestyle 63kg Ελευθέρα Γυναικών - Κατηγορία 63 κιλών		23-08-2004
Gold Medal/Χρυσό Μετάλλιο:	ICHO Kaori	JPN
Silver Medal/Αργυρό Μετάλλιο:	McMANN Sara	USA
Bronze Medal/Χάλκινο Μετάλλιο:	LEGRAND Lise	FRA

Women's Freestyle 72kg Ελευθέρα Γυναικών - Κατηγορία 72 κιλών		23-08-2004
Gold Medal/Χρυσό Μετάλλιο:	WANG Xu	CHN
Silver Medal/Αργυρό Μετάλλιο:	MANIOUROVA Gouzel	RUS
Bronze Medal/Χάλκινο Μετάλλιο:	HAMAGUCHI Kyoko	JPN

Men's Greco-Roman 55kg Ελληνορωμαϊκή Ανδρών - Κατηγορία 55 κιλών		25-08-2004
Gold Medal/Χρυσό Μετάλλιο:	MAJOROS Istvan	HUN
Silver Medal/Αργυρό Μετάλλιο:	MAMEDALIEV Gueidar	RUS
Bronze Medal/Χάλκινο Μετάλλιο:	KIOUREGKIAN Artiom	GRE

Men's Greco-Roman 66kg Ελληνορωμαϊκή Ανδρών - Κατηγορία 66 κιλών		25-08-2004
Gold Medal/Χρυσό Μετάλλιο:	MANSUROV Farid	AZE
Silver Medal/Αργυρό Μετάλλιο:	EROGLU Seref	TUR
Bronze Medal/Χάλκινο Μετάλλιο:	MANUKYAN Mkkhitar	KAZ

Men's Greco-Roman 84kg Ελληνορωμαϊκή Ανδρών - Κατηγορία 84 κιλών		25-08-2004
Gold Medal/Χρυσό Μετάλλιο:	MICHINE Alexei	RUS
Silver Medal/Αργυρό Μετάλλιο:	ABRAHAMIAN Ara	SWE
Bronze Medal/Χάλκινο Μετάλλιο:	MAKARANKA Viachaslau	BLR

Men's Greco-Roman 120kg Ελληνορωμαϊκή Ανδρών - Κατηγορία 120 κιλών		25-08-2004
Gold Medal/Χρυσό Μετάλλιο:	BAROEV Khasan	RUS
Silver Medal/Αργυρό Μετάλλιο:	TSURTSUMIA Georgiy	KAZ
Bronze Medal/Χάλκινο Μετάλλιο:	GARDNER Rulon	USA

Men's Greco-Roman 60kg Ελληνορωμαϊκή Ανδρών - Κατηγορία 60 κιλών		26-08-2004
Gold Medal/Χρυσό Μετάλλιο:	JUNG Ji Hyun	KOR
Silver Medal/Αργυρό Μετάλλιο:	MONZON Roberto	CUB
Bronze Medal/Χάλκινο Μετάλλιο:	NAZARIAN Armen	BUL

Men's Greco-Roman 74kg Ελληνορωμαϊκή Ανδρών - Κατηγορία 74 κιλών		26-08-2004
Gold Medal/Χρυσό Μετάλλιο:	DOKTURISHIVILI Alexandr	UZB
Silver Medal/Αργυρό Μετάλλιο:	YLI-HANNUKSELA Marko	FIN
Bronze Medal/Χάλκινο Μετάλλιο:	SAMOURGACHEV Varteres	RUS

Τόμος Ι

Ένας Τόπος

Ένα μαγικό ταξίδι στη γενέθλια γη των Ολυμπιακών Αγώνων σε 192 σελίδες. Η Ελλάδα όπως δεν περιμέναμε να τη δούμε. Κάτω από το ελληνικό φως, ή γή, τα νησιά, τα λαμπρά απομεινάρια της Αρχαίας Ελλάδας και η ορμητική Αθήνα μέσα από τη ματιά Ελλήνων και ξένων φωτογράφων.

Τόμος 2

Ένας Λαός

Η Κάλλας, ο Ωνάσης, η Μελίνα,
ο Μάνος και πολλοί άλλοι,
επώνυμοι και ανώνυμοι, Έλληνες
συνθέτουν τις 216 σελίδες αυτού
του αναμνηστικού λευκώματος.
Ένα ψηφιδωτό προσώπων, που
εκφράζει το φιλότιμο, τη λεβεντιά,
τον ηρωισμό, την πίστη
των Ελλήνων.

Τόμος 3

Μία Φλόγα

Η Φλόγα μας ενώνει τον κόσμο.
Το μοναδικό ταξίδι
της Ολυμπιακής Φλόγας από
την Αφή στην Ολυμπία και
το πέρασμά της από 27 χώρες
στις 5 ηπείρους.
Μια διαδρομή 78.000 χιλιομέτρων
υπό το βλέμμα 260 εκατομμυρίων
ανθρώπων, που είχαν την
ευκαιρία να δουν τη Φλόγα
στον τόπο τους, σε ένα
λεύκωμα 186 σελίδων.

Τόμος 4

Μια Γιορτή

Οι 17 μέρες που άλλαξαν τη χώρα μας, με την επιστροφή της μεγαλύτερης Γιορτής της Γης στον τόπο που γεννήθηκαν τα ιδανικά του Ολυμπισμού, περιλαμβάνονται στις 216 σελίδες του λευκώματος αυτού.
Ένα παιχνίδι παραλληλισμών μεταξύ του αρχαίου και του σύγχρονου κόσμου, μεταξύ των πρώτων Ολυμπιακών Αγώνων το 776 π.Χ. και της Αθήνας το 2004.

Τόμος 5

Μία Υπόσχεση

Ένα λεύκωμα 186 σελίδων,
φωτογραφημένο από τον
Χάρη Χριστόπουλο,
γραμμένο χειρόγραφα
από 202 ζευγάρια παιδιών
από όλη τη Γη, σε 160
διαφορετικές γλώσσες
και διαλέκτους.

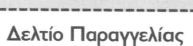

ATHENS 2004

The strength that supports
the Olympic Games...

www.books-in-greek.gr
online bookstore